VOULEZ-VOUS VRAIMENT SORTIR DE LA CRISE ?

Valérie Pécresse

VOULEZ-VOUS VRAIMENT SORTIR DE LA CRISE ?

Albin Michel

Il ne sert à rien de dire :
« Nous avons fait de notre mieux. »
Il faut réussir à faire ce qui est nécessaire.

Winston Churchill

Introduction

« Et vous, que proposez-vous ? » Un an après l'élection de François Hollande, c'est par cette première interjection que je me fais accueillir chaque fois que l'opposition en vient à critiquer la politique gouvernementale. Les Français, inquiets, en colère, refusent désormais les jeux stériles du « nous sommes contre tout ce qui est pour, et pour tout ce qui est contre ». La situation du pays est trop grave. Ils attendent des responsables politiques qu'ils regardent la réalité en face, qu'ils osent dire la vérité et qu'ils proposent enfin des solutions neuves et crédibles.

Aujourd'hui, ma certitude c'est que nous sommes prêts, enfin, pour un vrai discours de réforme. Au pied du mur, déboussolés par la récession, l'explosion du chômage et l'absence d'espoir, nos compatriotes attendent beaucoup de nous. Y compris des propositions audacieuses. Y compris de briser des tabous. Sur l'école, l'emploi, la formation, l'immigration ou la sécurité. Mais aussi sur l'Europe. Ils ont compris que pour rester nous-mêmes, pour continuer à être prospères et solidaires, nous devions accepter le changement. Changer, pour rester nous-mêmes. Nous devons incarner un certain nombre de valeurs fondatrices de notre pacte social : le travail, la liberté. Mais aussi le progrès, la justice ou l'autorité. Et concevoir à partir de là les conditions d'une autre politique, qui rassemble et qui rassure, qui redonne foi en l'avenir.

Je veux prendre mes responsabilités. Dire certaines vérités. Mon expérience passée m'a ouvert les yeux sur certaines dérives bien françaises et sur ce qui se passe dans le reste du monde, ou, plus près de chez nous, chez nos voisins européens. De nombreux États ont connu des crises aussi graves que celle que nous traversons. Certains étaient quasiment en faillite. La Suède, le Canada, l'Allemagne. Ils s'en sont sortis, plus forts. En acceptant de se réorganiser profondément et de prendre chacun sa part des efforts.

« Mais pourquoi ne l'avez-vous pas fait avant ? » est la deuxième question, celle qui suit immédiatement toute proposition énoncée par un homme politique de droite. Question logique : nous avons gouverné pendant dix ans. Si nous connaissions la réalité du pays, pourquoi n'avons-nous pas agi quand nous le pouvions ?

Je veux dans cet ouvrage tirer les enseignements des précédents quinquennats. De celui de Jacques Chirac, dont j'ai été la collaboratrice et que j'ai vécu comme députée à l'Assemblée. De celui de Nicolas Sarkozy, durant lequel j'ai exercé successivement les missions de ministre de l'Enseignement supérieur et de la Recherche, puis de ministre du Budget. Qu'avons-nous réussi ? Où avons-nous échoué ? Et pourquoi ? Si nous ne faisons pas cet examen critique, lucide et sans complaisance, si nous partons du principe que le passé ne peut être analysé, disséqué, compris, alors nous ne ferons aucun progrès. Et nos projets seront voués à l'échec.

Observons un moment la gauche. Elle emmène le pays dans l'impasse, faute d'avoir tiré les leçons de son passé : les emplois jeunes, la dépense publique, la décentralisation, les recrutements de fonctionnaires, la retraite à soixante ans restent au fond, pour elle, des totems intouchables.

Nous ne pouvons pas nous permettre la même erreur. C'est pourquoi nous avons un devoir d'inventaire en même temps qu'un devoir de proposition.

« Qu'est-ce qui nous dit que vous pourrez y arriver ? », dernière question incontournable à laquelle nous devrons répondre. Celle de la crédibilité. Surtout que de nombreux Français estiment aujourd'hui que si ni la gauche ni la droite ne sont capables de redresser le pays, alors la seule issue se trouve dans les extrêmes.

Notre crédibilité viendra aussi de l'expérience de ces cinq années de crise extrêmement violente : les subprimes, l'euro, la dette, la désindustrialisation. J'y ai appris qu'il ne faut pas chercher à faire la réforme parfaite. La réforme « cathédrale », celle qui veut tout changer en même temps, et d'un seul coup. La dernière réforme cathédrale qu'on nous a proposée, la réforme qui se voulait parfaite, c'était la Constitution européenne de 2005. Elle a tellement agrégé d'oppositions, de tous poils, que le référendum a été un cuisant échec.

Nous devrons chercher un chemin de réforme. Par le dialogue. Convaincre, trouver le juste point d'équilibre pour avancer. Vaincre les résistances et les blocages, si nombreux dans notre société. Tout cela sous la pression constante de la rue. C'est ce que nous avons essayé de faire en permanence avec Nicolas Sarkozy, d'où le sentiment de frustration de certains, qui pensent que nous n'en avons pas fait suffisamment. Et les reproches des autres, qui trouvent que nous en avons fait trop. La réalité, c'est que nous n'avions pas assez d'alliés dans la société civile. Convaincre très tôt de la nécessité des réformes, en faire la pédagogie en amont, mobiliser les citoyens, c'est indispensable pour leur succès. Dire la vérité aujourd'hui, au risque de déplaire, pour mieux réussir demain. C'est tout l'objet de ce livre.

1

Vertige du déclin

On nous parle de « la » crise depuis quarante ans. Depuis le premier choc pétrolier ! Depuis mon enfance… Durant toutes ces années, on n'a cessé de bricoler, de rafistoler et surtout de s'endetter, pour prolonger un modèle datant de l'après-guerre. Le temps que la crise passe, que la croissance revienne ! En attendant, on a vécu à crédit, sans jamais procéder à de véritables remises en cause. Et la croissance n'est jamais vraiment revenue, ou si poussive.

Cette fuite en avant, durant des décennies, a plongé le pays dans une crise morale profonde : repli, peur, mélancolie, défaitisme. Dans nul autre, le mot « déclinisme » n'a eu un tel succès ! Nous sommes obsédés par cette peur du déclin. Jusqu'où va-t-on descendre ? Aspirés par la mondialisation, les pays émergents, Bruxelles, la finance… On se méfie de tout. Pourtant, même la France, modeste par sa taille à l'échelle du monde, peut très bien continuer de figurer dans le peloton de tête.

D'où viennent ce découragement, cette tristesse, cette perte de confiance ? Bien sûr, chaque pays, chaque zone géographique connaît des difficultés, car il faut sans cesse adapter, ajuster. La Chine doit développer son marché intérieur, les États-Unis surmonter leur crise immobilière, le Brésil est confronté à une grande pauvreté et souffre d'une monnaie surévaluée, l'Allemagne a une démographie vieillissante et un taux élevé de travailleurs pauvres... La prospérité n'est jamais assurée. Tous les continents font face à des mutations profondes, mais nulle part ailleurs on ne vit ces difficultés comme un cataclysme, comme si c'était la fin du monde. La France est en train de devenir le pays le plus pessimiste de la planète. Plus que l'Irak ou l'Afghanistan. Quel contraste avec certains de nos voisins européens, et plus encore avec les pays émergents qui, malgré des inégalités criantes, renvoient une atmosphère de vitalité insolente à l'étranger qui vient y travailler.

En France, on mélange crise économique et crise identitaire. En fait, notre crise est avant tout une crise de système, de fonctionnement. On le voit bien à la façon dont on aborde les choses, on ne vit pas cette crise comme quelque chose qui peut être surmonté, mais comme un état permanent. On s'est installé dans une sorte de résignation fataliste qui consiste à se dire que finalement il n'y a rien à faire, que tout est foutu, que notre système social sera de moins en moins généreux, les emplois à plein temps de moins en moins nombreux, le système de santé de moins en moins bon...

Alors on laisse faire, avant que tout ne s'effondre. On s'accroche à ses avantages, à ses « droits acquis », quelle que soit leur nature. Un pays est réellement en déclin lorsqu'il est dans l'incapacité de rebondir.

Quand il n'a pas les ressources nécessaires pour continuer à exister. Ce n'est pas le cas de la France. Mais pour sortir de la crise, vraiment, et enrayer ce sentiment de déclin, il va falloir changer radicalement. Simplifier, hiérarchiser, ordonner, revenir aux fondamentaux.

Je ne suis pas une « décliniste », je ne fais pas partie des pessimistes qui écrivent à longueur de pages que tout est perdu. Bien au contraire. Néanmoins, face aux bouleversements du monde, aux mutations technologiques, géographiques auxquelles nous assistons, je considère que l'heure est grave. Le modèle français est vraiment menacé. Quel choc quand, ministre des Universités, j'ai reçu le classement des pays d'accueil d'étudiants étrangers, pour me rendre compte que la France, traditionnellement terre d'attraction pour le monde entier, se voyait désormais talonnée par le Canada et l'Australie dans les premières places du peloton. La leçon a été plus sévère encore quand je me suis rendu compte que l'absence de sélectivité à l'entrée de notre système universitaire faisait que nous n'attirions plus aujourd'hui les meilleurs étudiants de tous les pays du monde, mais un certain nombre de recalés des systèmes éducatifs étrangers. Nous devons nous battre pour conserver notre vitalité, notre excellence, notre exception.

L'effort qu'il va nous falloir accomplir est comparable à celui que nous avons fourni après la Seconde Guerre mondiale. À l'époque, le Conseil national de la Résistance avait fixé les principes clés de ce fameux modèle dont nous sommes si fiers : Sécurité sociale, services publics, retraite par répartition. Et j'y suis très attachée, mais ce modèle n'est plus viable en l'état. Au fil des décennies, il a été alourdi, et surtout il fait peser l'essentiel de la solidarité nationale sur le travail.

Il faut désormais avoir le courage de le réformer en profondeur. Faute d'affronter cette réalité en face, nous serons contraints de le détricoter encore et encore, petit bout par petit bout, sans pédagogie, sans explication, sans ligne directrice. Une fuite en avant qui nourrit toutes les angoisses.

La question est simple : voulons-nous sortir de la crise ? De cette impasse perpétuelle ? Vraiment ? Si oui, alors il nous faudra accepter des mutations profondes. Nous remettre vraiment en cause et inventer un nouveau pacte social.

« Nous savons quoi faire, mais nous ne savons pas comment le faire et être réélus après. » Voilà, en résumé, le leitmotiv de tous les dirigeants des pays européens aujourd'hui. J'ai eu l'occasion de m'entretenir avec Mario Monti, l'ancien président du Conseil italien, après sa défaite aux élections législatives, où il n'a obtenu que 10 % des voix alors que le « comique » – l'était-il vraiment ? – Beppe Grillo sortait grand vainqueur du scrutin avec 25 % des voix. Quel contraste entre ce piètre résultat électoral et l'aura incontestée de cet homme ! C'est lui qui aura permis le redressement des finances italiennes grâce à sa compétence et sa détermination. Au point que l'Italie est désormais considérée par certains comme en meilleure forme que la France.

Mais hélas, l'exemple de Mario Monti ne fera que renforcer les convictions de ceux qui considèrent que le langage de la vérité ne permet pas de gagner une élection. Quand j'étais sa collaboratrice, j'ai entendu maintes fois Jacques Chirac prononcer cette phrase désormais mythique : « Je vous étonnerai tous par ma démagogie. » Il s'amusait ainsi à provoquer ses conseillers, jouant à nous scandaliser, pour nous apprendre la politique !

Pourtant, ce sont bien la démagogie, les fausses promesses, qui, au fil des élections, rongent le pays, entretiennent l'idée de déclin. Comment croire en son destin, en la politique, quand, les uns après les autres, les hommes politiques fabriquent de faux espoirs ?

Je pense au Chirac de la « fracture sociale » qui m'avait tant séduite en 1995. À peine arrivé au pouvoir, il a entamé, sous l'influence avisée d'Alain Juppé, une politique de réformes structurelles et de rigueur absolument nécessaire mais qui est apparue comme éloignée de ses promesses.

Je pense au Jospin de 1997, qui a élaboré à la va-vite un programme au lendemain de la dissolution, et qui promit, pour gagner, les 35 heures auxquelles personne ne croyait, ce qui a plombé, durablement, la compétitivité de la France.

Je pense au Sarkozy de 2007 et à la loi Tepa (Travail, emploi, pouvoir d'achat) censée récompenser le travail et répondre aux aspirations de la classe moyenne, mais qui, avec la crise des subprimes, s'est transformée en boulet financier. Boulet dont nous mettrons trois ans à nous débarrasser et qui nous conduira à mener une politique fiscale illisible : deux ans de baisse puis trois ans de hausse des impôts.

Je pense enfin au Hollande de 2012, qui, niant la gravité de la crise, a promis la hausse du Smic,

60 000 postes d'enseignants, la retraite à soixante ans, tout en s'engageant à réduire la dette et les déficits. Comment ne pas s'indigner ?

Quand François Hollande annonce le recrutement de 60 000 enseignants supplémentaires dans l'Éducation nationale, ou la taxation à 75 % des très hauts revenus, il envoie des signaux politiques forts à son électorat, de manière extrêmement populiste. En réalité, il sait pertinemment que l'urgence, c'est de mieux utiliser les moyens dédiés à l'Éducation nationale, pas de décréter des plans pluriannuels de recrutements. Il sait également qu'une taxe à 75 % est confiscatoire et qu'elle envoie aux entrepreneurs un signal négatif qui peut être dévastateur en termes d'emplois. Surtout, il sait bien qu'elle sera contournée, d'une manière ou d'une autre, par les grandes entreprises qui rémunéreront pour partie leurs dirigeants à l'étranger. Qu'importe, il la promet. Pour être élu. Et ensuite ?

Les hommes politiques savent ce qui serait bon pour leur pays, mais promettent le contraire. Pour se faire élire. La conquête du pouvoir les occupe à plein temps. Mobilise toute leur énergie. Il faut faire le buzz, trouver des slogans, imaginer des solutions miracles, forcément simplistes.

Il faut tout de même reconnaître que Nicolas Sarkozy avait tenté, en 2007, de suivre une ligne médiane avec son « Travailler plus, pour gagner plus ». S'adressant aux Français, il leur envoyait un message subliminal courageux : il va falloir se retrousser les manches et travailler davantage, mais vous en aurez les bénéfices ! Certains lui ont reproché de n'être pas allé assez loin dans le détricotage des 35 heures, en préférant contourner le problème avec la défiscalisation des heures supplémentaires. J'y reviendrai. Mais c'était déjà un pas dans la bonne direction.

La certitude de Nicolas Sarkozy, et il ne manquait pas une occasion de nous le dire, c'est qu'on ne gagne jamais une élection en parlant aux Français d'économie, mais en leur parlant d'eux. « Qu'y a-t-il pour moi là-dedans ? », telle serait la question que se poserait l'électeur-consommateur.

Eh bien, justement, il ne s'agit pas ici de décliner un programme politique en vue de gagner les élections. Et de continuer comme avant. Mon problème n'est pas de séduire les électeurs mais d'éclairer, aussi honnêtement que possible, mes lecteurs. Car rien ne se fera sans les Français. Si nous voulons sortir de la crise, il faudra que les citoyens participent. Adhèrent, même.

J'estime de mon devoir de dire aujourd'hui ce que je pense de la situation actuelle de notre pays. Ce que j'ai pu en voir, dans les postes d'observation privilégiés qui ont été les miens, que ce soit au cabinet de Jacques Chirac de 1998 à 2002, au Parlement de 2002 à 2007, puis ensuite au ministère de l'Enseignement supérieur et, enfin, à celui du Budget.

Si je ressens le besoin de revenir sur le quinquennat écoulé, ce n'est pas pour en dresser un bilan intégral, mais pour en tirer certaines leçons : ce que nous avons su faire, ce que nous n'avons pas su, et pourquoi. Sans cette réflexion rétrospective, impossible d'avancer des idées neuves. Et puis, pour avoir porté au moins deux réformes d'envergure pour notre pays, dans des registres très différents – celle de l'autonomie des universités et celle de la TVA antidélocalisation –, je veux ici faire la pédagogie de ce qu'on nomme du vilain mot de « réformes structurelles ».

Une réforme réussie, c'est un pas en direction du retour de la croissance, une victoire contre le déclin. Comme quand on fait de la rééducation. Petit à petit, on retrouve toute sa liberté de mouvement. Une réforme réussie, c'est un pas de plus vers le changement que j'appelle de mes vœux. Une réforme réussie, c'est surtout une victoire de l'intérêt général sur la somme des intérêts particuliers.

Prenons l'exemple d'une réforme réussie : celle des douanes. On a fermé les bureaux historiques dans de nombreuses villes, souvent frontalières, avec les douloureux déménagements que cela entraîne, avec les résistances des élus locaux, mais en contrepartie on a rendu les douaniers plus mobiles, présents sur les routes, dans les lieux de livraison des colis commandés par Internet, avec des matériels de détection neufs et sophistiqués. À l'arrivée, le nombre de prises de contrebande a augmenté de 30 % par an.

Autre réforme réussie, celle du ministère de la Défense. On a fermé de nombreuses casernes, avec là aussi les difficultés humaines et locales que cela comporte, mais en contrepartie, les militaires ont pu être dotés de meilleurs matériels, ils ont bénéficié de nouveaux investissements qui nous permettent d'être une des plus grandes nations en matière de projection militaire, comme l'ont prouvé les interventions en Libye et au Mali. Quelle source de fierté pour toute la nation française, au-delà du légitime orgueil de nos militaires !

Un jour, Jean-Michel Goudard, publicitaire de grand talent et conseiller en communication très écouté de Nicolas Sarkozy, m'a dit qu'il avait voulu, au cours du mandat, présenter celui-ci comme « le Président des grandes réformes ». C'était tellement vrai. La France avant lui semblait comme pétrifiée. Malgré la réforme des retraites de 2003, la sphère publique et sociale résistait de toutes ses forces au moindre changement, et condamnait les gouvernements à enchaîner des « réformettes » de la santé, de l'éducation, du droit du travail. Il a rendu l'espoir aux réformateurs en tenant bon à plusieurs reprises contre les corporatismes et les conservatismes. Que ce soit sur l'université, les régimes spéciaux, le service minimum, la démocratie sociale, ou les retraites. Il a su faire bouger les lignes.

Pourquoi alors a-t-il refusé de faire de ces réformes l'étendard de son bilan ? Parce que ce mot a perdu son sens pour les Français. Il est associé à des mesures au mieux techniques, au pire douloureuses. C'est dommage. Et c'est d'ailleurs peut-être une des causes de sa défaite en 2012. Il n'a pas su se réinventer pour la poursuite du changement. Mission impossible pour un président sortant en période de crise ? En tout cas, durant la campagne de 2012, il n'a pas réussi à expliquer comment il entendait redonner de la prospérité au pays. Il n'a pas été explicite sur ses intentions, si l'on excepte les questions d'immigration.

Je ne crois pas que l'échec de la présidentielle soit lié à des questions de positionnement politique. Que la campagne ait été trop à droite. Ni qu'elle était trop au centre. Si l'on fait abstraction du contexte de crise et du Sarko-bashing soigneusement entretenu par la gauche, qui ont évidemment joué un rôle déterminant, je suis convaincue que la défaite vient aussi d'une absence de discours crédible et audible sur l'avenir.

Je suis persuadée qu'il a été victime du syndrome « je sais ce qu'il faut faire, mais je ne peux pas le dire et être élu ». Que ce soit sur les 35 heures, l'éducation, la formation professionnelle, l'assurance chômage, la simplification du millefeuille territorial, la compétitivité des entreprises, les dépenses de l'État, l'emploi, rien n'a été audible. Tout est resté au stade du non-dit. Indicible, la vérité ?

Je ne le crois pas. Au contraire. La vérité est indispensable si l'on veut redonner espoir, combattre les fausses illusions, lutter contre le déclinisme et la tentation de la mélancolie.

Réhabilitons l'idée de réforme ! Il en faut encore tant pour que notre pays continue de jouer dans la cour des grands à l'avenir. Elles sont désormais indispensables pour sauver un État-providence en faillite et permettre à notre modèle social de se régénérer. Pour donner des emplois bien payés à nos enfants, aussi. Les Français sont râleurs, pessimistes, mais ils attendent les dirigeants qui sauront conduire le changement. Dans un récent sondage, 74 % d'entre eux réclamaient d'aller plus loin dans les réformes ! Parlons-en.

2

On a manqué d'audace

Nous n'avons pas été assez audacieux. Nicolas Sarkozy a eu un mérite immense tout au long de son quinquennat : montrer que la réforme était possible. Non, la France n'est pas « irréformable ». Il a changé la donne, ouvert un chemin d'espoir. Hélas, à cause de l'état du pays, de la crise des subprimes, puis de celle des dettes souveraines et de l'euro, à cause de l'opposition systématique de la gauche, alliée aux conservatismes et aux corporatismes, mais aussi du rejet de certains traits de sa personnalité, il n'a pu aller au bout.

Nous n'avons pas été assez audacieux ! C'est ce que je pense en mon for intérieur lors de cette réunion d'acteurs économiques de la Manche qui se tient à Avranches. Il y a là des représentants de l'industrie locale – du textile à l'automobile, en passant par l'agroalimentaire ou les travaux publics. Les prises de parole se succèdent et se ressemblent : trop de charges, trop de rigidités, trop de difficultés à faire face à la concurrence de nos voisins. Je me sens découragée. Il reste tant à faire… Nous sommes le mardi 13 mars 2012. C'est la fin du quinquennat. Je suis ministre du Budget, des Comptes publics et de la Réforme de l'État, et j'ai décidé de faire une tournée politique dans une dizaine de bassins industriels pour vanter la réforme que je viens de faire adopter au Parlement : la fameuse TVA antidélocalisation.

Cette réforme a une longue histoire qui, à elle seule, résume à la fois les fulgurances et les limites du dernier quinquennat. Cette idée de TVA sociale, qui consiste à transférer une partie des charges sociales sur cet impôt pour améliorer la compétitivité de nos produits, faciliter leur exportation, a commencé à être évoquée dès la campagne présidentielle de 2007. C'était une formidable idée. Mais à la veille des élections législatives de juin, à la suite d'une passe d'armes mémorable entre Laurent Fabius et Jean-Louis Borloo lors d'une émission de télévision, on l'a abandonnée, car elle s'était, en quelques jours, transformée en épouvantail. L'ancien Premier ministre socialiste avait demandé : « Allez-vous oui ou non, si vous êtes élus, augmenter la TVA ? » Question perfide. Le téléspectateur n'allait retenir que le mot augmentation et n'entendre rien du mécanisme, un peu compliqué, qu'il y avait derrière.

La réponse de Jean-Louis est ambiguë. Cela suffit à éveiller la suspicion. Les Français refusent massivement une telle hausse. Ils ne sont pas préparés. On ne les a pas préparés. Ils avaient entendu notre discours sur la baisse d'impôt. Les Français sont déçus. Ils se braquent. On annonçait une « vague bleue », les scores sont beaucoup plus serrés que prévu. Une quarantaine de députés UMP, qui se voyaient élus, restent sur le carreau. Ils seront indéniablement les victimes de cette controverse. Aurions-nous pu nous défendre autrement, mieux expliquer ?

Au Conseil des ministres, Nicolas Sarkozy, à peine élu, ne décolère pas. Il a voulu, en tant que président de la République, rester au-dessus des partis et ne pas prendre personnellement part à ces élections législatives. Il s'en veut. Il en tirera la conclusion qu'il doit durant son quinquennat être à la fois chef de l'État et conduire la majorité. Un mélange des genres qui lui sera reproché. Mais tout part de là.

Quoi qu'il en soit, au lendemain des élections législatives, qui nous donnent pourtant une majorité confortable, la TVA sociale a été purement et simplement remisée au placard des idées trop compliquées, trop impopulaires et donc dangereuses.

Pourquoi revenir sur cet épisode ? Parce que des occasions manquées, comme celle-ci, nous en avons eu plusieurs durant le quinquennat. Des réformes courageuses, pertinentes, qui ont été abandonnées en cours de route. Je pense ainsi à la simplification de ce qu'on appelle « le millefeuille territorial ». Communes, communautés de communes, cantons, pays, départements, régions... La fusion et la spécialisation des collectivités locales auraient mis fin aux innombrables doublons et à un enchevêtrement de compétences qui ont conduit à un accroissement exponentiel du nombre de fonctionnaires et à une augmentation de la dépense. Tous les pays ont procédé, souvent il y a longtemps, à une réduction des échelons administratifs.

Cette réforme indispensable figurait dans la loi territoriale de 2010. Elle a été abandonnée à l'issue des élections régionales. La gauche, qui avait fait campagne sur le thème des libertés locales, en réalité sur le statu quo d'un système largement clientéliste, venait d'obtenir une écrasante majorité. Sonné, sous la pression des sénateurs qui craignaient le basculement historique du Sénat à gauche, Nicolas Sarkozy recule. La réforme des territoires ne sera finalement qu'une « réformette »... et nous perdrons quand même le Sénat.

C'est un reproche récurrent. Nous, la droite, ne faisons pas les grandes réformes auxquelles nous croyons. Mais il faut admettre que nous ne sommes franchement pas aidés ! C'est très difficile, tant la gauche a choisi, durant toutes les années passées dans l'opposition, de faire obstruction, systématiquement, avec des arguments de court terme, fallacieux. Mais tout de même, ne devons-nous pas nous interroger ? Pourquoi renoncer, pourquoi abandonner des réformes que nous considérons comme nécessaires, alors que, de toute façon, nous en avons déjà subi les effets négatifs dans les urnes ? N'est-ce pas paradoxal ?

La question vaut d'être posée : si nous avions appliqué l'intégralité de notre programme, aurions-nous été battus ? Ou réélus ? N'avons-nous pas déçu en partie ceux qui avaient placé toute leur confiance en nous et qui attendaient les réformes, toutes les réformes ? N'aurions-nous pas pu faire mieux encore sur le plan économique en adoptant des mesures sources d'économies et baissant le coût du travail ? N'aurions-nous pas provoqué ce regain de confiance dans notre destin, si nécessaire au redressement ?

Cette question, je ne peux m'empêcher de me la poser. D'autant plus que c'est moi qui ai été chargée de défendre la TVA antidélocalisation au Parlement dans la dernière ligne droite de ce quinquennat, car j'étais sans doute l'une des seules ministres du pôle économique et social qui n'en avait jamais dit du mal. Depuis 2000, inlassablement, sans changer de cap, je l'ai défendue bec et ongles. Ce qui m'a d'ailleurs valu une « explication de gravure » avec François Fillon à la sortie d'une émission politique du dimanche, lors de laquelle j'avais osé, en 2011, me déclarer « à titre personnel » favorable à la réforme. « Un porte-parole du gouvernement n'a pas d'opinion personnelle à exprimer »... Comme quoi, en politique, il n'est pas toujours bien vu d'avoir des convictions ! Ni d'avoir raison trop tôt.

Le sujet de la compétitivité est de nouveau sur la table. Le gouvernement de François Hollande s'y attelle aujourd'hui de manière indirecte, compliquée, technocratique, en proposant un crédit d'impôt qui est présenté comme une baisse des charges ! Nous, nous voulions purement et simplement supprimer une partie des charges et les transférer sur un autre impôt, de préférence un impôt qui frappe aussi les produits importés... C'était clair et efficace. À condition de se donner la peine de l'expliquer. Cette réforme, l'Allemagne et le Danemark l'ont faite avec succès. Maintenant, on ne comprend plus rien. Un jour le gouvernement augmente de 30 milliards les impôts des entreprises, abroge le mécanisme que nous avions fait voter en le dénonçant comme particulièrement injuste, et le lendemain il annonce un crédit d'impôt compétitivité de 20 milliards en partie financé... par une hausse de la TVA. Et c'est le même scénario sur tous les sujets : hypertaxation des hauts salaires, amnistie annoncée pour les violences syndicales, interdiction de fermer les sites rentables... Un jour c'est oui. Un jour c'est non. Et le lendemain : on verra. Ce brouhaha, ce va-et-vient incessant sont anxiogènes. On ne sortira pas de la crise avec des invectives, des marqueurs idéologiques, des slogans populistes.

La gauche n'a de cesse de nous jeter à la figure le fameux « bilan » des dix années de droite : 600 milliards de dette supplémentaires et 1 million de chômeurs de plus. Un bilan volontairement caricaturé pour les besoins de la campagne présidentielle mais qui sert toujours – un an et demi après l'alternance ! – de bouclier au gouvernement quand il est mis en accusation ou peine à donner le cap.

Je ne vais pas ici me lancer dans un inventaire exhaustif du quinquennat de Nicolas Sarkozy. Je suis sûre qu'il aura à cœur de le faire lui-même, le jour venu. Mais je note qu'un an à peine après l'arrivée au pouvoir de François Hollande, notre dette s'est aggravée de 100 milliards, et que le chômage a atteint un record historique avec une progression annuelle de 300 000 chômeurs. Alors, à ce rythme, on se dit qu'il vaudrait mieux mettre les (mauvaises) querelles de côté et travailler à résoudre les difficultés du pays, sans anathèmes.

Le général de Gaulle, suivant en cela sans doute une tradition historique bien ancrée, nous a mis dans l'esprit « une certaine idée de la France ». Mais cela ne signifie pas que nous ne devions jamais nous comparer à nos plus proches voisins. J'entends toujours dire : « La France n'est pas l'Allemagne », la droite libérale « ne jure que par la logique anglo-saxonne des marchés », « nous ne voulons pas devenir l'Italie ou la Grèce », ou « nous ne sommes pas l'Europe du Nord ». Oui, nous sommes certainement uniques, originaux, précieux, mais au fond, qui sommes-nous ? À quoi croyons-nous ? Cette fierté nationale peut-elle nous exonérer de toute remise en cause ? Ou au contraire doit-elle nous obliger aux évolutions nécessaires pour que notre pays reste prospère, influent, solidaire ?

J'ai remarqué que le seul pays auquel un responsable politique pouvait nous comparer sans se voir couvrir de commentaires ironiques était... le Canada ! Allez savoir pourquoi, sans doute notre tendresse pour le Québec francophone fait-elle que nous nous sentons une connivence avec cet État. Alors, peut-être pourrions-nous suivre son exemple. Au bord de la faillite dans les années 90, ce pays a su faire des réformes absolument drastiques qu'aucun de nos gouvernements n'oserait envisager de près ou de loin.

Ce qui me frappe dans tous les pays qui nous entourent, c'est le pragmatisme des gouvernements de gauche qui, pour un bon nombre d'entre eux, ont su prendre à bras-le-corps des sujets aussi tabous chez nous que la réduction des déficits, la réforme du marché du travail ou... la remise à plat des politiques sociales.

Chez nous, même nommer les problèmes reste tabou. Quel psychodrame nous avons vécu quand François Fillon a osé dire : « Je n'ai pas peur du mot rigueur. » Et quand Ségolène Royal, candidate à la présidentielle, a osé le mot flexibilité, en parlant de l'évolution nécessaire du droit du travail, elle a été critiquée par toute la gauche. Elle a dû faire machine arrière et remplacer ce mot par le doux euphémisme de « souplesse ».

La droite républicaine, qui devrait être le lieu de l'anticonformisme et du refus du politiquement correct, ne joue plus son rôle en matière économique depuis bien longtemps. Nous avons tellement peur de nous faire caricaturer en ultralibéraux... Et pourtant, dans les faits, nous le sommes si peu ! Il va falloir oser affronter la gauche, s'affranchir de ses diktats : c'est la condition sine qua non pour retrouver la confiance des Français.

En ce qui me concerne, je viens d'une famille gaulliste sociale, qui a toujours été étatiste, interventionniste et attachée à notre système de redistribution. Je me sentais à l'aise dans cette tradition. J'aime cette idée d'une France dont la voix porte dans le monde, qui ne supporte pas les injustices. Et je crois par ailleurs au volontarisme, au rôle de l'État, pour impulser, moderniser. Je n'ai pas choisi la fonction publique par hasard. Ce n'est pas un hasard non plus si j'ai commencé à m'engager en politique derrière le Chirac de la fracture sociale. Mais depuis, j'ai évolué. Au fil des ans, à travers mes mandats d'élue régionale, mes voyages et mes rencontres, j'ai vu le monde changer à une vitesse phénoménale. On ne peut plus aujourd'hui tout régenter d'en haut. On ne peut plus décider, lors d'une réunion interministérielle, de créer un Google ou un Facebook « à la française ». On peut le faire pour le nucléaire, le TGV. Mais pas pour tout. Le rôle des politiques a changé. Nous devons avant tout nous attacher à créer un environnement favorable à la création, à l'initiative.

Quand j'entends l'extrême gauche, qui n'a aucune proposition positive – dans ce domaine comme dans d'autres –, demander l'interdiction des licenciements, ou l'extrême droite expliquer que la solution, c'est le retour à une nation barricadée, j'ai envie de hurler. De crier que seules la liberté, la créativité, l'audace nous permettront de relever les défis du monde actuel.

À tous ceux qui vilipendent l'Allemagne et ne se reconnaissent pas dans le « modèle » qu'elle s'est choisi, je rappellerai qu'il y a dix ans, ce pays était l'homme malade de l'Europe. Or elle a su faire le chemin qui l'a ramenée au plein emploi et à la solidité économique. Alors, certes, il n'y a pas de salaire minimum en Allemagne, mais aujourd'hui les salaires y sont à la hausse... Et les jeunes, qui débutent dans des filières d'apprentissage, ont un horizon, ils ne sont pas condamnés au chômage ! Une fois le médicament avalé, les réformes passées, la prospérité ne tarde pas à revenir. Regardons la Suède, le Canada, et cessons de repousser à demain les décisions courageuses en nous cachant derrière des grands mots sur « les conséquences dramatiques d'une austérité généralisée en Europe ». De quoi parle-t-on ? L'overdose fiscale, le chômage de masse, la récession sous François Hollande, c'est moins dramatique ? Plus humain ? Davantage porteur d'espoir ?

Alors oui, nous n'avons pas été audacieux. Mais que tous ceux qui nous jettent des pierres commencent par balayer devant leur porte. Pour sortir de la crise, retrouver de la croissance, il va falloir faire de sérieux efforts. Et avant tout, il va falloir admettre la réalité en face. Accepter de faire un diagnostic lucide sur l'état du pays. Comme nos prédécesseurs, sur de nombreux sujets, nous avons calé, renoncé, refusé l'obstacle. Parce que, comme toujours, nous avons pensé qu'un discours trop direct nous ferait perdre les élections. Que les Français auraient peur de perdre le mode de vie auquel ils sont attachés, perdre les avantages auxquels ils ont droit, perdre leurs repères dans la vie.

À chaque campagne présidentielle, on entend un tissu de mensonges. Les candidats promettent aux Français que les efforts à faire ne seront pas si grands. Ils flattent les intérêts catégoriels. Même si la droite essaye d'être plus rigoureuse que la gauche, elle n'échappe pas toujours à ce travers, car « il ne faut pas angoisser les Français », paraît-il.

Mais qu'y a-t-il de plus anxiogène que de savoir que vos responsables politiques ont caché la vérité pour se faire élire ? Quand j'entends : « Rigueur budgétaire, contrôle des dépenses sont des mots qui ne disparaîtront pas du vocabulaire du Parti socialiste, nous pouvons perdre des votes, mais nous ne vendrons pas des illusions », je tire mon chapeau à l'auteur de cette phrase. Il s'agit d'Antonio José Seguro, premier secrétaire du PS portugais. Il est vrai qu'au Portugal, ce sont les socialistes qui ont les premiers engagé des réformes, derrière José Socrates.

Je ne promets pas, à l'instar de Churchill, « de la sueur, du sang et des larmes ». Mais un vrai traitement. Avec des médicaments puissants. Et il faut démarrer le traitement au plus vite. Sinon, la France, affaiblie, ne sera plus en mesure de choisir les modalités des réformes. Elle devra agir sous la pression internationale. Surveillée, même si cela paraît invraisemblable à beaucoup aujourd'hui, par une troïka représentant Bruxelles ou le FMI !

En ce qui me concerne, je suis déterminée à dire la vérité à mes concitoyens et non pas ce qu'ils ont soi-disant envie d'entendre.

Face à la montée des extrêmes, des nationalismes et des populismes, le risque de les décevoir une nouvelle fois est trop grand.

3

Mon chemin

Cela peut paraître un peu étrange de parler de vocation. Mais pourtant c'est bien de cela qu'il s'agit. Tout mon parcours s'est organisé autour de ma volonté de faire, de servir. Je ne suis pas entrée en politique pour simplement prendre du galon, décrocher des titres de noblesse ou profiter du système.

J'aurais pu mener une vie très confortable en m'occupant de finances, ma spécialité, à la sortie d'HEC. Mieux encore, j'aurais pu choisir l'inspection des Finances à ma sortie de l'ENA, et ensuite pantoufler dans une grande entreprise. Mais ce ne fut pas mon choix. Je voulais donner un « supplément d'âme » à ma vie professionnelle, avec l'espoir que le service public avait le pouvoir de changer la vie.

J'aurais pu aussi me lover confortablement dans le moule politique dominant de l'époque, où il était de bon ton d'être de gauche. Non, j'ai choisi le gaullisme. Parce que ma famille était gaulliste, très engagée dans la Résistance et ce qu'on n'appelait pas encore « l'humanitaire ». Mais surtout parce que, pour moi, c'est la voie du courage, de l'anticonformisme, de la grandeur, face à ce qui ressemble souvent, à gauche, à des petits arrangements politiciens masqués derrière des leçons de morale. Difficile d'être socialiste quand on a eu vingt ans sous le second septennat de François Mitterrand !

« Ton seul héritage, ce sera tes diplômes. » Voilà ce que me disait mon père pour m'encourager au travail quand j'étais jeune. Lui-même septième enfant d'un mercier-bonnetier de Gap, pensionnaire à huit ans, il avait fait son chemin exclusivement par l'étude. Docteur en économie, agrégé des universités en gestion, il est devenu professeur des universités. Je crois qu'un des moments les plus marquants de mon enfance fut la préparation de sa « leçon » de vingt-quatre heures, l'épreuve reine de l'agrégation universitaire. Cela nécessite de mobiliser une équipe d'une dizaine de personnes pour préparer cette présentation, en vingt-quatre heures chrono. Qu'on puisse ainsi aller jusqu'au bout de ses forces physiques, sans dormir, pour une sorte de marathon intellectuel, digne du film *On achève bien les chevaux* de Sydney Pollack, m'impressionna. Reçu, il enseignera d'abord à Dijon puis à Dauphine, où il est encore professeur émérite. Spécialiste des télécommunications, il m'a fait vivre l'expérience du Minitel de Vélizy en 1978, et je lui dois ce goût du progrès et des nouvelles technologies, profondément ancré en moi.

Ma mère, quant à elle, n'eut qu'un seul message : « Gagne ton indépendance et ta liberté. » Elle qui, à l'ancienne, avait toujours dépendu de son mari, ne fut pas la dernière à m'encourager à aller jusqu'au bout de mes ambitions.

Le travail, l'effort, le débat d'idées, l'absence de sectarisme. Ce sont les valeurs qui ont bercé mon enfance, dans une famille unie mais stricte. Des valeurs qui paraissent à certains surannées. Je sais qu'il est parfois de bon ton de railler les diplômes et les bonnes manières. Mais dans notre famille, c'était le bien le plus précieux.

Alors, quand quelquefois on me traite de « bonne élève » de la politique, je ne le prends pas comme une critique, mais comme un hommage au modèle républicain qui a permis à mon père, puis à moi, de nous élever, grâce à l'école, à des missions, je crois, d'une certaine utilité sociale.

Chose assez cocasse, d'ailleurs, le simple commentaire « c'est un énarque » condamne d'entrée l'homme politique. Et il doit sans cesse s'en excuser. Mais quand il s'agit d'une femme, c'est le contraire, cela inspire une forme de respect, cela rassure. Face au machisme ambiant, le « c'est une énarque » est prononcé avec presque de la bienveillance. Cela veut dire : elle a fait des études d'homme, donc elle a plus d'un neurone ! Ségolène Royal ou Martine Aubry, ces femmes qui ont suivi la même voie, ont su se faire respecter.

C'est normal, car nous avons dû nous battre sans doute plus que les autres à chaque étape de notre parcours pour réussir. Quant à moi, je ne suis pas une « fille de », les portes ne se sont pas ouvertes devant moi par héritage, je ne fus la protégée de personne, je n'avais pas un sou en poche. Tout ce que j'ai conquis en politique, c'est par mon travail et mon énergie. Il m'est certes arrivé d'être au bon endroit au bon moment. Mais c'est parce que j'ai pris des risques, par conviction. J'ai su saisir ma chance.

Rejoindre Jacques Chirac à l'Élysée, au lendemain de la dissolution de 1997, par exemple, ce n'était pas évident. « Un choix suicidaire », me disait-on. Les législatives de 2002, dans les Yvelines, face au général Morillon envoyé pour me battre, ce n'était pas gagné d'avance. En 2009, la primaire pour la tête des listes aux élections régionales, non plus. J'affrontais Roger Karoutchi, soutenu par l'ensemble de l'appareil UMP. Et quand je me suis lancée contre Jean-Paul Huchon, pour tenter de ravir à la gauche la plus grande collectivité de France, que n'a-t-on dit ! Le vent n'était pas favorable, mais nous avons fait le meilleur score, après l'Alsace... Mes combats politiques, je ne les ai pas tous gagnés mais je les ai menés avec la même farouche volonté de défendre mes idées et la place des femmes en politique.

Mon grand-père maternel, psychiatre, a été, avec ma grand-mère, pédiatre, un résistant de la première heure. Ami de Malraux et de Romain Gary, il me fit entrevoir la face la plus flamboyante du gaullisme. Celle qui mêlait panache et refus de tout sectarisme. De la lecture de leurs romans, dès mon plus jeune âge, j'acquis le goût de l'histoire, l'amour de la culture et le sens du service public. C'est après avoir dévoré les *Antimémoires* de Malraux, à la sortie de mon école de commerce, que je décidai de bifurquer dans une autre voie que celle qui s'ouvrait toute tracée devant moi. Faire l'ENA, en sortant d'HEC, pouvait paraître absurde. D'autant qu'à cette époque, l'économie était en plein boom, et que nombre de mes condisciples se lançaient dans la finance ou dans des aventures entrepreneuriales. J'ai décidé de préparer le concours d'entrée en secret, de peur qu'on essaye de m'en dissuader. Pour ne pas avoir à me justifier.

Contre toute attente, je réussis. Une grande satisfaction, et un bonheur, pour moi. Les études commençaient par un stage en entreprise. Je suis donc allée voir le responsable pour lui expliquer que je ne voulais pas le faire ! J'en avais déjà fait de très nombreux dans le cadre de mon école de commerce : pour commencer, un stage ouvrier où je mettais de la choucroute en boîte, à Lagny, pour William Saurin, puis six mois chez Sony à Tokyo, au département export, ensuite dans un cabinet de conseil en organisation construisant le système d'information des Ciments Lafarge, et enfin dans une banque d'investissement réalisant des rachats de PME prospères. Mais j'avais choisi le service public. Je ne trouvais franchement pas utile de retourner faire une expérience en entreprise. Je demandai donc à découvrir le secteur social, afin de commencer immédiatement à travailler sur du concret, et sur les sujets difficiles.

Je fus exaucée au-delà de mes espérances. Christian Frémont, d'abord un peu interloqué par ma demande, décida de m'envoyer au Fonds d'action sociale pour l'insertion des travailleurs immigrés et de leurs familles. Cet organisme gérait plusieurs milliards d'euros destinés à l'hébergement des travailleurs migrants en foyer, à l'action sociale et éducative dans les quartiers, mais aussi à toutes sortes d'aides aux structures associatives, dont la plus importante à l'époque était SOS Racisme. C'était, au début des années 90, la période de « Touche pas à mon pote », une époque où les politiques d'intégration battaient leur plein, autour d'un organisme encore peu connu, la délégation interministérielle à la Ville.

Là, j'ai découvert la réalité des foyers de travailleurs migrants, comme les foyers maliens de la rue Broca à Montreuil, où l'on m'expliqua le principe de la « sous-location » de matelas sous les lits, qu'on rehaussait avec des boîtes de conserve, pour dédoubler la capacité d'accueil du foyer. Déjà en 1989, compte tenu de l'explosion des demandes d'asile, du regroupement familial et de l'immigration clandestine, il était impossible de mettre en place des politiques d'accueil efficaces. Un tonneau des Danaïdes qui ne cessait jamais de se remplir.

Mais j'ai aussi découvert, lors de cette première expérience, la gabegie de l'argent public. Je me suis très vite rendu compte qu'un certain nombre d'associations subventionnées ne faisaient l'objet d'aucun contrôle d'activité. Ce qui a révolté la jeune gestionnaire que j'étais, à qui on avait appris qu'un sou est un sou et que l'on doit rendre compte de l'usage de chaque euro. J'ai donc demandé à participer aux équipes qui sur le terrain lançaient parfois des contrôles inopinés.

Combien de fois nous sommes-nous retrouvés devant les locaux fermés d'une association d'alphabétisation dûment subventionnée et qui n'exerçait plus qu'une activité sporadique ? Sans parler de réseaux associatifs ayant pignon sur rue qui refusaient de communiquer leurs comptes malgré les demandes de l'organisme et que des « instructions politiques » commandaient de financer quand même. Le FAS était pourtant un fonds d'action sociale paritaire. Géré à la fois par l'État et par les partenaires sociaux. J'ai été sidérée par la faiblesse du contrôle interne à l'époque.

Tant et si bien que quand je suis partie du FAS, j'ai remis à mon directeur de stage un audit confidentiel que j'avais rédigé le soir, après les horaires de bureau, parfois tard dans la nuit. J'y décrivais les dérives comptables, l'absence de procédures. Il fut visiblement très surpris ! Et très embarrassé. Je lui avais mis une bombe entre les mains.

Je n'eus pas de nouvelles. Mais j'espère que mon initiative aura été utile. Après mon départ, l'Igas, la Cour des comptes se sont penchés sur ce sujet. Plusieurs rapports ont mis au jour des dysfonctionnements dans la chaîne d'attribution des subventions et certains graves détournements de fonds publics.

Ainsi, ma première expérience du monde social a-t-elle été tout en contrastes. D'un côté, elle m'a révélé l'étendue des problèmes d'intégration et la détresse des familles migrantes. Et de l'autre, elle m'a confrontée au gaspillage de l'argent public, aux dérives qui conduisent parfois les politiques à « acheter » la paix sociale – ou la fidélité électorale – à travers certains réseaux associatifs.

Si je raconte cela, c'est que pour nous en sortir, il ne suffira pas de soixante mesures rédigées sur commande la veille d'une présidentielle, aussi alléchantes soient-elles. Il faudra des réformes, bien sûr, une politique économique, mais il faudra surtout se préoccuper de gérer. Juste gérer, contrôler, évaluer, surveiller. On fera ainsi beaucoup d'économies et de progrès. Beaucoup. Cela exige de la ténacité, de la constance.

Mon parcours n'a pas été un chemin tout tracé, une voie royale. Car être une femme, que ce soit en politique ou dans la haute administration, provoque encore des réactions très archaïques chez certains. Je me souviens de cette autre expérience professionnelle exigée par l'ENA. À l'ambassade de France à Moscou, cette fois. L'horreur. Le lendemain matin de mon arrivée, je suis reçue par l'ambassadeur. Il m'accueille par un : « Mais j'avais dit que je ne voulais pas une fille ! Vous rentrez à Paris, je ne veux pas de fille. Vous ne serez pas crédible aux yeux de vos interlocuteurs. » J'ai vingt-deux ans. Quel accueil ! J'étais arrivée la veille vers minuit, dans un studio destiné aux personnes de passage. Vingt mètres carrés avec kitchenette. Sur la table, par gentillesse, le personnel de l'ambassade m'avait déposé une coupe de fruits. Elle grouillait d'une nuée de cafards attirés par ce festin inattendu. Dehors, il faisait moins vingt. Et j'avais le moral à zéro.

Cette misogynie ordinaire, je l'ai si souvent vécue… Comme tant de femmes au travail. Ainsi, lors de mon arrivée à l'Élysée, en 1998. Dominique de Villepin, alors secrétaire général de la maison, me reçoit et m'apostrophe : « Ça ne vous ennuie pas d'être favorite pour le poste uniquement parce que vous êtes une femme ? » Là, j'avais acquis plus d'expérience, et d'assurance, et je lui ai répondu du tac au tac : « Mais c'est surtout un très bon choix que vous ferez. »

À Moscou, je m'accroche. J'apprends que la stagiaire qui m'a précédée avait fait une dépression. Tout cela sur fond de harcèlement moral. Le harcèlement est quelque chose de plus fréquent qu'on ne l'imagine, même dans la haute administration. Preuve qu'on a encore beaucoup à faire pour l'égalité entre les hommes et les femmes. Et malheureusement, porter plainte, être celui ou celle par qui le scandale arrive, c'était, à mon époque, s'exposer à une mauvaise appréciation professionnelle. À une carrière bousillée. Je crains que ce soit encore le cas aujourd'hui, il faut en être conscient. Mais mon histoire s'est finalement bien terminée. J'ai fini par éviter les embûches semées sur mon passage.

Il faut dire que la période était fascinante. On était en pleine Perestroïka. Or, à l'époque, je parlais correctement le russe. C'était une compétence rare à l'ambassade. Cela me valut de sillonner les différentes républiques, de l'Ouzbékistan à la Sibérie en passant par les Pays baltes, pour y recueillir des informations et représenter la France.

En effet, quand j'avais une quinzaine d'années, j'avais décidé d'aller apprendre le russe l'été, par moi-même, dans des camps des jeunesses communistes. J'ai séjourné notamment dans le plus célèbre, le mythique Artek, en Crimée, réservé aux enfants de la nomenklatura. Lever de drapeau, vie en plein air, activités sportives, cours de doctrine... Je me souviens de mon étonnement quand j'ai découvert que mes camarades de camp ne connaissaient même pas le nom de Boris Pasternak ! Parce que cet auteur était interdit. Censuré. À l'époque, *Le Docteur Jivago* était mon livre – et mon film – préféré, et voilà que je ne pouvais même pas en parler avec de jeunes Russes ! C'est à ce moment que je pris conscience de la puissance des totalitarismes et de la manière dont on pouvait réécrire l'histoire en effaçant la trace même d'un Prix Nobel de littérature. Parce qu'il était jugé subversif.

Moins d'une dizaine d'années plus tard, j'assistai en direct à la Glasnost, à la fin du monopole du parti communiste, à l'élection de Boris Eltsine et à la chute du mur de Berlin. Je fêtai la liberté retrouvée d'aller et venir en visitant la maison de Pasternak ! J'ai vu l'ex-URSS changer, radicalement. C'était le moment de tous les espoirs et de tous les possibles. Malheureusement, la Russie n'a pas totalement réussi sa transition démocratique. Eltsine, en précipitant la conversion capitaliste, plongera le pays dans une forme de chaos politique et moral, dont émergera Vladimir Poutine. Ma réflexion sur la politique, l'âme humaine et ses ressorts, les liens entre libertés économiques et libertés politiques s'étoffera au contact de cet État si différent du nôtre et en même temps si proche. Je sortis de cette expérience avec la haine des extrémismes et le refus de toutes les idéologies, qui ne sont pour moi que des instruments de pouvoir et d'asservissement.

À la sortie de l'ENA, je choisis le Conseil d'État. Juge administratif, c'était mon rêve et mon ambition. Rien ne me semblait plus admirable que de rendre la justice. Et de conseiller le gouvernement. J'y restai huit passionnantes années, à aider les victimes d'accidents hospitaliers ou des fonctionnaires injustement sanctionnés, à annuler des marchés publics illégaux et à faire respecter les principes fondamentaux de notre droit. La politique ne fit irruption dans ma vie que sur le tard. Je venais d'avoir trente ans.

À l'origine de mon engagement en politique, il y a un double refus. Celui du Front national, qui, en 1997, fit perdre la droite républicaine et réformatrice dans des triangulaires meurtrières. Celui de la « gauche des 35 heures » de Lionel Jospin, qui préférait l'idéologie de la fin du travail, au réalisme des réformes et du mérite.

Pour dire la vérité, la situation politique de 1997 me paraissait particulièrement démoralisante. Entre la montée des extrêmes qui ne proposaient aucune solution crédible à la situation du pays, et n'avaient qu'un seul mérite – Mitterrand puis Hollande l'ont bien compris –, celui d'éliminer la droite du pouvoir, et une gauche archaïque, qui ne concevait la lutte contre le chômage qu'à travers l'utopie dangereuse de la fin du travail et les emplois aidés, le chemin était étroit. Car la France a le privilège, si l'on peut dire, d'avoir la plus irréaliste des gauches parmi toutes les social-démocraties européennes.

Jacques Chirac, quant à lui, était au fond de la nasse dans laquelle il s'était lui-même plongé avec la dissolution ! C'est le moment que j'ai choisi pour m'engager auprès de lui. C'était « absurde », me disaient mes proches, il avait commis l'ultime erreur de sa vie politique. Président de cohabitation, il en serait réduit pour les dernières années de son mandat à inaugurer les chrysanthèmes, comme la reine d'Angleterre ou René Coty. Jamais il ne serait en position de reconquérir le pouvoir.

J'ai écouté poliment tous les conseils de ceux qui me disaient que « la gauche était au pouvoir pour vingt ans » et qu'il fallait que j'accepte la proposition que me faisait le cabinet de Lionel Jospin de présider une mission sur l'Internet et la société de l'information.

J'ai fait le choix inverse, par conviction : celui de postuler chez Jacques Chirac à l'Élysée. À l'époque, il recherchait un conseiller pour les études et la prospective. Inspiré par la première cohabitation qu'il avait vécue avec François Mitterrand, il avait théorisé l'idée qu'un président de cohabitation doit vivre au rythme de son époque et « voir loin », alors que le Premier ministre s'englue rapidement dans les tracas du quotidien. Il s'agissait aussi de changer les idées d'un président profondément isolé et abattu par la défaite.

Si je fus recrutée, je dois avouer que c'est d'abord parce que nous ne fûmes pas nombreux à postuler pour le poste. Tous les jeunes de ma génération avaient fui, quittant la politique sur le goût amer de la dissolution, avec une rancœur telle à son égard qu'il était illusoire de vouloir les retenir.

Ensuite, j'étais à l'époque une spécialiste du droit de l'Internet, qui avec retard s'installait en France. Et le Président voulait en savoir plus sur cette révolution numérique qui agitait la jeunesse de France, et sur cette nouvelle économie qui le laissait bien sceptique. À la Bibliothèque nationale, on lui avait demandé de « cliquer sur la souris » pour signer le livre d'or d'une exposition. Il était resté planté devant l'ordinateur sans savoir quoi faire : l'anecdote du « mulot » était née et allait faire le bonheur de tous les caricaturistes. C'était un traumatisme pour un président qui avait fait de son lien avec la jeunesse son principal atout.

Me voilà donc dans la place. Le saint des saints. La présidence de la République. J'y resterai quatre ans. Le temps de rencontrer et de travailler avec tous ceux qui seront les acteurs de la pièce politique actuelle, les fondateurs de l'UMP, Juppé, Raffarin, Fillon et la génération montante, Baroin ou Copé.

Le tournant ? Il se produisit lorsque le proche conseiller du président, Jérôme Monod, m'enrôla dans la préparation de l'élection présidentielle de 2002, et dans la fondation du parti. C'est là que je commençai mon apprentissage politique. C'est là aussi que l'on me fit une proposition qui changea ma vie. Celle de me présenter à une élection. Dans les Yvelines, à la succession de Franck Borotra.

On oublie souvent, quand on décrit mon parcours politique, que cette première élection fut tout sauf un chemin de roses. François Bayrou avait décidé de « faire tôler la gamine » et d'envoyer en face de moi le général Philippe Morillon, tout auréolé de son statut de héros de la guerre de Bosnie et d'organisateur des Journées mondiales de la Jeunesse. Dans ces terres marquées par l'histoire militaire et le catholicisme, son profil devait être gagnant.

Mais c'était méconnaître mon envie, mon énergie et surtout l'expérience politique peu à peu acquise auprès de Chirac. Les Français veulent des élus prêts à servir des idées, un territoire et ses habitants, pas des stars qui veulent seulement être élues.

4

Une violence paralysante

Je suis bien consciente que beaucoup de nos électeurs ont été déçus, ils nous reprochent de ne pas en avoir fait assez, de ne pas être allés au bout des réformes, d'avoir manqué de courage. C'est vrai sur certains points. Je l'ai déjà dit. Mais je voudrais aussi révéler l'envers du décor. Si parfois nous avons dû plier, édulcorer, repousser certaines réformes, c'est parce que, en France, celui qui s'attaque au cœur du système de redistribution, ou aux mythes fondateurs de la gauche, est parfois confronté à une violence inouïe. Et paralysante.

De loin, cela paraît facile. Je me souviens d'ailleurs d'une conversation entre François Fillon et Nicolas Sarkozy pendant la campagne présidentielle de 2007, lors d'un des derniers déplacements avant l'élection. Nous étions dans un bel hôtel corse, de ceux que Nicolas Sarkozy affectionne, au calme, pour préparer le débat avec Ségolène Royal. Il y avait là Éric Besson, qui devait donner la réplique, François Fillon, Rachida Dati, Xavier Bertrand et moi.

À un moment, François évoque une discussion qu'il a eue avec Jean Chrétien. L'ancien Premier ministre du Canada lui a raconté comment il avait été confronté à des manifestations très nombreuses et très violentes, notamment quand il avait effectué des coupes claires dans les effectifs de l'État. « J'ai même été brûlé en effigie dans les rues », lui avait-il dit, ajoutant : « Mais je te rassure, cela ne fait pas mal. » Les réformes qu'il avait menées tambour battant ont eu le temps de porter leurs fruits et il a été réélu triomphalement. Il avait donc conseillé à Fillon de lancer les grandes réformes dès notre arrivée au pouvoir.

Les deux alliés qui s'apprêtent à conquérir l'État échangent alors un regard complice. Les deux hommes sont pleins d'assurance, pleins d'audace, ils sont résolus. Nicolas Sarkozy veut être un président marquant, celui qui mettra en mouvement cette France soi-disant irréformable. C'est son ambition et il incarne l'image du volontarisme en politique. Quant à François Fillon, il veut faire entrer la France dans le nouveau siècle. Pourtant, une fois au pouvoir, ils vont doser, négocier, reculer. Peur du chaos ? Quand le peuple manifeste, revendique, on ne sait jamais où cela peut conduire. Et tout au long de son quinquennat, Nicolas Sarkozy a été rongé, sans l'avouer, par cette crainte.

J'ai moi-même été très souvent confrontée à la violence physique ou verbale. Je me souviens de ce jour où j'ai été brûlée, en effigie, dans le grand amphi de la Sorbonne. Les manifestants – enseignants, chercheurs, étudiants – vociféraient, hurlaient que ma loi sur l'autonomie des universités était « l'une des pires votées en France depuis Vichy »... Ne me demandez pas pourquoi la référence à l'Occupation est constante dans le vocabulaire de la gauche française, et pourquoi la droite finit toujours par être traitée de pétainiste, quel que soit le sujet ! Pourtant, nous n'avons pas de brevet de respectabilité à recevoir dans ce domaine. Combien de députés socialistes ont voté les pleins pouvoirs à Pétain ? N'est-ce pas le secrétaire général adjoint de la CGT, René Belin, qui devint son ministre du Travail ? La petite-fille de résistants que je suis ne supporte tout simplement pas ces accusations insultantes et tellement stériles.

Cette violence brute est-elle une caractéristique typiquement française ? Je le crois en partie. Nicolas avait même théorisé le fait que nous étions un pays régicide, « qui avait tué un roi et une reine alors qu'il n'en avait pas besoin ». Pour lui, c'était la clé d'explication du comportement des Français.

S'agissant de l'école et de l'université, la violence se nourrit également de la mythologie de Mai 68. Ces événements sont vécus comme une époque héroïque, où les étudiants ont fait vaciller le pouvoir gaulliste et conquis leur liberté. Barricades, AG, mots d'ordre, rébellion... Toutes les générations de lycéens et d'étudiants rêvent des mêmes exploits. Descendre dans la rue pour « pouvoir enfin s'exprimer » et combattre l'arbitraire du pouvoir politique est devenu, en quelque sorte, un rite initiatique. Que le pouvoir politique soit de droite ou de gauche, d'ailleurs, dès lors qu'il porte en lui l'ambition d'un changement. On l'a vu tragiquement avec Alain Devaquet, mais aussi sous la gauche avec Alain Savary et Claude Allègre, et plus récemment avec Luc Ferry et François Fillon.

Le paradoxe, c'est que les étudiants et les enseignants qui manifestent sont désormais porteurs d'une idéologie conservatrice ! Aux antipodes de l'esprit de Mai 68. Pas question d'ouvrir les fenêtres, de bouleverser les codes. Non, on proteste contre tout. Systématiquement. Il faut surtout que rien ne change. Les mêmes (en plus jeunes) qui manifestaient contre les « travaux personnels encadrés » voulus par Claude Allègre, manifestaient quelques années plus tard pour les conserver lors de la réforme Fillon. Certains jeunes interviewés, pendant ma réforme, disaient manifester « parce que Sarkozy voulait retirer l'autonomie aux universités », alors que nous voulions la leur donner ! D'autres affirmaient, tandis que je tentais d'expliquer ma réforme : « Ce n'est pas parce que nous avons dix-huit ans que nous ne sommes pas capables de comprendre que votre réforme va casser l'université ! »

La violence est profondément ancrée dans notre culture. Notre histoire a été marquée par des luttes, souvent brutales, qui ont permis au peuple, aux syndicats d'acquérir des droits ; il y a toute une tradition et même une esthétique de la lutte, mais aujourd'hui, j'ai le sentiment que cette violence est surtout l'expression d'un profond désespoir, de la part de Français qui se sentent en danger estimant qu'ils n'ont plus rien à perdre. Cette résistance au changement, cette radicalisation est aussi instrumentalisée par certaines forces politiques, ou même des groupes de pression, pour intimider l'État et faire reculer la République. Or le rôle des hommes politiques est de donner le signal que la République ne reculera pas, en toutes circonstances.

Le 17 juin 2007, au soir du second tour des législatives, je suis sur le plateau de TF1 pour commenter les résultats électoraux. En face de moi, Olivier Besancenot, candidat de la Ligue communiste révolutionnaire. Je n'oublierai jamais ses paroles. Tellement révélatrices de la politique française. Il me prend à partie : « Vous venez de gagner dans les urnes, mais nous regagnerons par la rue. Nous allons descendre avec les étudiants dans la rue et votre réforme des universités ne se fera pas. » Déniant toute légitimité au suffrage universel, il venait de lancer la mobilisation contre l'autonomie. En direct et à une heure de grande écoute. Je lui réponds : « Nous irons jusqu'au bout. » Et, pour une fois, ce fut vrai. Nous n'avons pas reculé.

Ainsi, au plus fort des mouvements étudiants contre ma réforme, je m'étais fait un devoir de continuer ma tournée des universités pour expliquer le but de cette loi d'autonomie, ses avantages, les moyens nouveaux que nous allions y consacrer. Cela m'a conduite à plusieurs reprises dans de véritables traquenards. J'avais ainsi décidé de m'occuper des universités qu'on appelle « de banlieue », car en France il y a des établissements prestigieux, à la réputation bien installée, et des universités nouvelles qui se sont créées – *horresco referens* pour certains universitaires – au-delà du périphérique. Ces dernières font souvent un travail remarquable, à la fois pour faire réussir des élèves plus fragiles scolairement et socialement, mais aussi pour leur intégration sur le marché du travail, un objectif que de nombreuses universités de renom n'ont pas mis au premier rang de leurs priorités.

Me voici donc à Villetaneuse. J'avais proposé de lancer un programme de jumelage entre Paris-XIII et HEC, avec un diplôme commun, dans le cadre du rapprochement que j'appelais de mes vœux entre universités et grandes écoles. C'était aussi, il faut bien le dire, une forme de discrimination positive qui ne disait pas son nom, pour permettre aux étudiants et aux enseignants de cette université courageuse et entreprenante d'être valorisés. J'allai donc à Villetaneuse avec le directeur d'HEC, Bernard Ramanantsoa, et les représentants de l'Association des entreprises pour l'Éducation, laquelle avait réservé une centaine de stages aux étudiants de Paris-XIII. Nous étions accompagnés par Michel Wieviorka, célèbre sociologue auquel j'avais confié une mission d'étude sur la promotion de la diversité dans l'enseignement supérieur.

Que des bonnes intentions. Mais la simple venue d'une ministre de droite, auteure, qui plus est, d'une réforme scélérate, sur un territoire chasse gardée de la gauche – la Seine-Saint-Denis, pire encore : une université de Seine-Saint-Denis ! –, était vécue par certains comme une véritable provocation.

La riposte n'a pas tardé à se faire entendre. Alors que nous commencions la présentation du nouveau diplôme devant un amphi bondé, un chahut était organisé à l'extérieur du bâtiment. Au bout de vingt minutes, les portes de l'amphi, gardées par deux vigiles de l'université, ont été enfoncées. On a vu surgir une cinquantaine de personnes d'âge indéterminé, surexcitées, hurlant pour couvrir nos voix, clamant que le capitalisme ne passerait pas, que les étudiants n'étaient pas de la chair à patrons, qu'ils voulaient être des hommes libres. Ils nous ont jeté des tomates pourries et des trognons de salade.

Le préfet de police local n'ayant rien prévu pour la sécurité d'un ministre qui ne devait lui sembler ni important ni particulièrement menacé, et le président de l'université se révélant clairement incapable de ramener l'ordre dans l'amphi, je me suis demandé quelle attitude adopter. En une fraction de seconde, j'ai pris la décision de continuer la présentation jusqu'au bout pour ne pas céder à l'intimidation. Certes, j'ai été un peu plus rapide que prévu. Et je me suis rapidement éclipsée par la porte de derrière, poursuivie par certains manifestants qui se rapprochaient dangereusement, aux yeux de mon officier de sécurité, à juste titre assez nerveux.

De tels accueils, j'en ai eu à de nombreuses reprises. Parmi les plus mémorables, celui qui me fut réservé lors de l'inauguration de l'université autonome de Strasbourg. On avait fusionné les trois universités de la ville, afin de créer un établissement à visibilité mondiale et de très haut niveau de recherche. Ce jour-là, ce ne sont pas cinquante mais mille cinq cents personnes, venues de toute la France – mais aussi d'Allemagne, me diront les policiers –, qui bloquent l'entrée de l'université. Ensuite, une partie d'entre eux envahit les locaux, aux cris de « ils ont lancé les lacrymos » pour provoquer un mouvement de foule en leur faveur.

Là encore, je décidai de poursuivre mon discours jusqu'au bout et même sous les lazzis, car, une fois encore, il n'était pas question que la République recule devant la rue, ni que certains territoires puissent être interdits de séjour au gouvernement que je représentais. « Si vous ne me respectez pas, respectez au moins Goethe. » Pour calmer la bronca, me voilà en train d'improviser... La repartie surprend suffisamment les manifestants pour que je puisse achever in extremis le discours. Bilan : un bras cassé chez les policiers.

François Fillon vient aux nouvelles, dès ma sortie de l'amphi : « Ça va, ça s'est passé comment ? » Je lui réponds qu'on a pu faire l'inauguration mais que ça a été sportif. Je réalise une fois de plus à quel point cette réforme compte pour lui. C'est sa revanche sur 2004. Deux fois ministre des Universités, il connaît le sujet mieux que quiconque. Pendant toute la durée de cette épreuve, il fut à mes côtés, il me fit confiance, il me donna les moyens financiers nécessaires. Il écarta les conseillers qui proposèrent, dans des moments de doute, de tout arrêter et défendit auprès de Nicolas Sarkozy, tout au long de ces mois interminables, la ligne de la fermeté. Avec son humour toujours pince-sans-rire : « Il faut tenir bon, de toutes les façons nous avons un fusible au cas où..., la ministre de l'Enseignement supérieur ! » J'étais prévenue : je n'avais pas le droit à l'échec.

Un autre soir où je me rendais à l'assemblée générale des « juniors entreprises », au Conservatoire des arts et métiers, pour vanter le développement de ces dispositifs inspirés des grandes écoles dans les universités françaises, qui permettent un rapprochement entre le monde étudiant et le monde du travail, un groupe de gauchistes armés de barres de fer tenta d'enfoncer la porte des loges du sous-sol où nous nous trouvions. Je me souviendrai toujours de Richard Descoings, alors directeur de Sciences-Po, arc-bouté contre la porte avec mon officier de sécurité, en attendant les secours. J'avais donné l'ordre aux officiers de sécurité qui m'accompagnaient de ne jamais employer la force dans ce genre de situation. Je préférais être molestée que de voir un étudiant blessé par ma faute. J'ai toujours pu compter, dans cette période, sur une équipe soudée et déterminée, qui a pris les risques avec moi !

À Nanterre, les étudiants me poursuivirent sur un mode plus ludique essayant de me jeter des œufs sur la tête, car, malheureusement, en politique, le ridicule peut tuer. Je fus défendue bec et ongles par des étudiants pro-réforme qui firent rempart de leur corps pour les empêcher de me barrer le passage. Une jeune fille, qui était au premier rang de cette garde prétorienne, est venue, quelques mois plus tard, postuler pour un stage à mon ministère. Inutile de dire qu'elle a reçu l'accueil favorable que son caractère téméraire méritait.

À la rentrée solennelle de l'université de Lyon, après une bronca assourdissante, j'ai ainsi reçu dans les bureaux du président le « collectif des étudiants en colère » ! Partout ce fut épique, à Lille, Toulouse, Montpellier. Même à l'École normale supérieure de la rue d'Ulm, où, pour ne pas être en reste, les élèves m'accueillirent avec un chahut digne du général de

Gaulle. Celui-ci, en effet, voulut venir visiter l'école, mais y fut mal accueilli par les étudiants et, furieux, rebroussa chemin. Mais l'époque n'est plus la même. Les hommes politiques doivent accepter les broncas. Ça fait partie du métier. En ce qui me concerne, ce jour-là, il n'était pas question de faire demi-tour et je me frayai un passage pour aller rencontrer les chercheurs.

Chaque visite présentait un risque de dérapage et, dès la descente du train, j'avais une appréhension, le trac, quoi ! Pourquoi insister ? Pourquoi toutes ces visites ? J'ai continué parce que dans les amphis, dans les salles de cours, dans les universités, se trouvaient des étudiants, des enseignants-chercheurs, des personnels que je voulais convaincre, à qui je voulais parler directement, sans le filtre des médias ou d'une communication institutionnelle, sans la déformation des réseaux sociaux. Je voulais leur dire qu'après la réforme, leur établissement pourrait être meilleur, leur assurer plus de réussite et d'épanouissement. Mais aussi les prévenir qu'avec l'autonomie, une partie de leur destin était désormais entre leurs mains, car ils allaient avoir beaucoup plus de liberté pour s'organiser et forger leur projet d'établissement. Mais aussi plus de responsabilités.

J'ai continué à aller partout car, à côté des protestataires, je croisais des visages de personnes en attente de changement, cette fameuse majorité silencieuse que les manifestants voulaient faire oublier. Ces 70 % d'étudiants qui, chaque fois qu'ils étaient consultés par Internet, disaient invariablement qu'ils étaient contre les blocages des facs. Ces étudiants qui voulaient un meilleur diplôme et une meilleure vie. C'est d'abord pour eux que je m'obstinais.

Je retiendrai toujours la phrase de l'un d'entre eux. C'était à Cergy-Pontoise, là encore des excités avaient décidé de chahuter une séance de questions-réponses. Un jeune s'est levé, assez massif, et il a apostrophé vigoureusement le leader de la bronca, visiblement le patron de l'Unef locale, en lui disant : « Arrête de faire de la politique, ma mère est femme de ménage, mon père est chauffeur routier, je travaille la nuit à l'hôpital pour payer mes études, c'est la première fois que je vois un ministre, et je veux lui parler. » Il était d'origine turque, suivait un cursus d'études politiques et voulait devenir président de la République ! À la sortie, je lui proposai de venir me voir dans mon ministère. Il n'a jamais donné de nouvelles.

Ce qui m'a choquée dans cette violence frontale, primaire, c'est le refus de toute réflexion, de toute discussion. Je peux comprendre la colère épidermique d'un pêcheur qui a la vie dure et qui risque la faillite personnelle à cause des nouvelles réglementations européennes. Je peux comprendre la colère désespérée d'un ouvrier qui risque de perdre son emploi. Ou celle d'un agriculteur qui, suite à des intempéries, ou à un changement de cours des matières agricoles, ne peut plus honorer les échéances de ses emprunts. Mais en l'occurrence, il s'agissait d'une réforme de l'organisation des universités qui était souhaitée par la gauche comme par la droite et que la gauche aujourd'hui au pouvoir affirme ne pas vouloir remettre en cause. Une réforme qui visait à mettre les universités françaises à armes égales avec leurs homologues étrangères. La seule menace, c'était le bouleversement des méthodes de travail, des habitudes, des petits arrangements, la remise en cause de chapelles universitaires qui veulent conserver un pré carré et se méfient les unes des autres. Les étudiants, quant à eux, avaient tout à y gagner, y compris les moyens financiers nouveaux que nous leur avons consacrés.

D'ailleurs, après l'adoption de la réforme et du nouveau statut des enseignants-chercheurs, la situation s'est apaisée. Je suis revenu à Strasbourg, Lyon, Villetaneuse, Toulouse, Rennes... dans les universités les plus chahuteuses et j'y ai été, cette fois, accueillie chaleureusement par des universitaires et des étudiants stimulés par de nouveaux projets et pleins d'énergie. Quel contraste ! Il doit nous conforter dans notre volonté de changement pour l'avenir.

N'aurions-nous pas pu, sur cette réforme, comme sur d'autres que l'on sait inéluctables – je pense à celle des retraites, mais aussi à celles du droit du travail ou de la Sécurité sociale –, organiser un vrai dialogue ? J'ai passé plus de soixante-dix heures en négociation syndicale avec tous les acteurs de la vie universitaire, pour quel résultat ? Rien. Personne ne veut s'engager. Si j'ai longuement évoqué ces problèmes de violence, c'est pour montrer à quel point le comportement de certains syndicats ou partis politiques jusqu'au-boutistes est un handicap dans notre pays. Qu'ils soient à gauche ou à droite, car, paradoxalement, une partie de la droite universitaire s'était rangée du côté des adversaires de la réforme. Les universitaires de droite craignaient que l'autonomie ne donne le pouvoir... aux universitaires de gauche. Et que l'État ne soit plus là pour les protéger. Hélas, voilà bien la société française où la politisation et les intérêts catégoriels viennent se heurter frontalement à l'intérêt général. Quant aux syndicats, ils refusent trop souvent d'assumer leur rôle de corps intermédiaire et de négocier les réformes, au lieu de les contester par principe.

Que penser de ces interlocuteurs qui, à la télévision, expliquent que « tout dialogue est impossible, que la ministre est totalement fermée » et qui, au même moment, demandent des rendez-vous secrets en tête à tête, en entrant dans le ministère par des portes dérobées ?

Comment avancer si toute négociation reste un vain mot ? Que faire quand, après trois mois de concertation, il est impossible de trouver un accord ? Comment agir quand les syndicats les plus à gauche, qui se trouvent être les plus représentatifs d'une bonne partie de la fonction publique et du secteur industriel, refusent systématiquement de signer un compromis ?

Dans les années à venir, c'est une évidence, nous aurons besoin de négocier un nouveau pacte social qui touchera tous les domaines de la vie en société afin de maintenir un haut degré de solidarité, tout en encourageant le dynamisme économique. Et en réduisant nos dépenses publiques. Un beau défi.

5

Apprivoiser Bercy

Bercy irrite, Bercy agace, Bercy effraie même les ministres qui débarquent à la tête de cet État dans l'État. Comment s'imposer, comment déminer les chausse-trapes, comment maîtriser la masse d'informations et de décisions qui passent par cette énorme tour de contrôle ? Et je dois dire que moi-même, je mesurais l'enjeu. D'autant que je n'avais pas une attirance naturelle pour ce ministère installé dans l'immense bunker construit par Paul Chemetov.

Je n'ai jamais raconté à mes services qu'à ma sortie de l'ENA, j'avais fait un refus d'obstacle, comme on dit en équitation, devant cette architecture inhumaine et glaçante, qui emboîte les cubes dans de gigantesques couloirs sans âme, avec ses bureaux aux numéros aléatoires puisqu'ils reprennent le nombre de mètres qui les séparent entre eux. J'avais tout simplement refusé l'inspection des Finances, préférant le Conseil d'État. Le Conseil d'État, cour suprême et conseiller juridique du gouvernement, m'attirait depuis toujours. Mais l'inhumanité des bâtiments de Bercy avait fait le reste.

Alors, revenir à Bercy vingt ans plus tard, quelle ironie du destin ! Mon collègue ministre Jean-Pierre Jouyet m'avait dit en souriant : « Tu as eu le ministère qui fait rêver tous les inspecteurs des Finances. » Ceux-là mêmes qui me toisaient de haut parce que, vingt ans plus tôt, j'avais refusé d'entrer dans ce club très fermé.

Mais le Budget, poste si convoité par les quadras qui rêvent d'un jour accéder à l'Élysée, ne m'est pas tombé tout cuit. Et ma prise de Bercy, je la dois en grande partie à mon amie Christine Lagarde, alors ministre des Finances. C'est elle qui m'a poussée à tenter ma chance. Elle m'a invitée à un de ces « déjeuners de filles » dont elle avait le secret. Christine est une des rares femmes de pouvoir que j'aie rencontrées qui fasse de la promotion des autres femmes son combat, avec sincérité et énergie. Il faut dire qu'elle a souffert sans doute plus que toute autre du machisme de la politique française, qui lui a paru bien plus archaïque, de ce point de vue, que les grands cabinets d'avocats anglo-saxons.

Elle m'invita donc à déjeuner pour me suggérer de postuler à ce poste qu'elle allait libérer pour partir au FMI. Il est de notoriété publique que ses relations avec François Baroin n'étaient pas au beau fixe. Elle voulait me convaincre qu'après quatre ans au ministère des Universités et de la Recherche, avec à mon actif une réforme difficile et réussie, et une expérience internationale tissée avec des universités du monde entier, je n'avais pas à douter de mes capacités à « décrocher Bercy ». Elle me dit cette phrase si juste : « Un homme à qui on propose une promotion la juge toujours justifiée, une femme répond toujours : “Vous êtes sûr que j’en serai capable ?” »

Quelle vérité ! J’ai donc fait acte de candidature. Mais au même moment a éclaté en public un véritable psychodrame entre François Baroin et Bruno Le Maire. J’ai pris du recul, car je ne voulais pas affronter publiquement l’un ou l’autre de mes amis. Je n’étais pas prête à tout pour m’imposer. Est-ce une attitude féminine ? Cela explique-t-il au fond que nous, femmes politiques – femmes au travail en général –, nous heurtions trop souvent à un « plafond de verre » face aux hommes qui, eux, se battent davantage pour obtenir les postes qu’ils convoitent ? Sans doute. Mais en l’occurrence, je n’ai pas été perdante.

Car ce mélange d’ambition exprimée et de retenue affichée me valut finalement, au terme d’un processus de remaniement toujours assez irrationnel, de récupérer l’intégralité des compétences de François Baroin, et donc d’être nommée ministre du Budget et porte-parole du gouvernement. Sans doute y eut-il consensus pour estimer que je méritais ce bâton de maréchal, au bout de quatre ans de loyaux services aux universités. Et, en tout état de cause, la violence du combat entre Bruno Le Maire et François Baroin rendait inenvisageable qu’ils cohabitent à Bercy.

Mais le plus dur restait à accomplir. Je devais faire mes preuves et m’imposer comme la deuxième tête de Bercy. J’avais observé les tandems Lagarde-Woerth et Lagarde-Baroin avec assez d’attention pour savoir que la tâche ne serait pas facile. Philippe Douste-

Blazy disait : « Quand tu es nommé ministre et que tu réponds à ta première question au Parlement, tu as deux minutes pour prouver aux députés qui t'interrogent qu'il y a de bonnes raisons au fait que tu leur as été préférée pour le poste. La première impression en politique est toujours la bonne ! »

Au moment de me nommer, Nicolas Sarkozy m'a appelée pour me donner quelques conseils. Il l'avait déjà fait quand il m'avait nommée ministre des Universités. À l'époque, il m'avait dit : « Je te nomme alors même que tu n'es pas proche de moi politiquement (j'étais une chiraquienne adoptée en “Sarkozie”), mes amis vont me le reprocher, mais je te soutiendrai. Tu connais le sujet. La réforme va être très difficile, tu seras en première ligne, mais je serai toujours derrière toi. » Et il l'a été.

Cette fois, le ton est un peu différent : « Tu sais, Valérie, je te nomme dans “mon ministère”, car moi aussi j'ai été ministre du Budget et porte-parole du gouvernement en 1993. C'est une marque de confiance. C'est un ministère passionnant mais qui ne pardonne pas l'à-peu-près. Prends trois semaines exclusivement pour te plonger dans tous les dossiers, tu dois connaître tous les chiffres par cœur, tous les grands équilibres, pour pouvoir argumenter et diriger ton administration. Si tu ne fais pas cet investissement au départ, tu ne seras qu'un jouet entre leurs mains. » J'ai pris ce conseil à sa juste valeur venant de celui qui connaissait Bercy comme sa poche. Lui-même, en arrivant au Budget, avait fait exactement la même chose.

En entrant à Bercy, j'avais conscience que la première des conditions de la réussite était de trouver le meilleur directeur de cabinet. Comme cela avait été le cas au ministère de l'Enseignement supérieur où j'avais réussi à attirer Philippe Gillet, directeur de l'école normale de Lyon et président de l'Agence nationale de la recherche, en le faisant revenir d'urgence, ce week-end de l'Ascension 2007, en ciré et chaussures de bateau, d'une croisière à la voile. Je cherche donc la perle rare.

Assez vite, un nom s'impose : Sébastien Proto, un jeune et brillant inspecteur des Finances – contrairement à ce qu'on dit, ils ne le sont pas tous ! –, ancien directeur de cabinet d'Éric Woerth et surtout conseiller de confiance de Sarkozy lors de sa campagne présidentielle de 2007. C'est mon amie d'enfance Emmanuelle Mignon, la première directrice de cabinet du Président après sa victoire, qui me le recommande comme « le meilleur d'entre tous ». Je l'appelle. Il n'est pas intéressé par le poste. Il a déjà donné à la politique, il a « tourné la page » en partant dans une grande banque d'affaires. Et surtout, il reste très marqué par les attaques violentes autant que diffamatoires portées contre Éric Woerth – et contre lui par ricochet – en 2009-2010.

Mais il commet une erreur fatale en acceptant de venir me rencontrer dans l'imposant bureau du cinquième étage, qui doit à Michel Charasse d'être le plus chaleureux de Bercy, puisqu'il y a transporté le mobilier de Napoléon III, venu du Louvre où était installé le ministère avant de déménager dans l'Est parisien. Juste pour me faire part de son expérience ! Je mis évidemment tout en œuvre pour le convaincre d'accepter de travailler avec moi. Une de ses ambitions était de pouvoir jouer un rôle clé dans la campagne présidentielle de 2012. J'appelai donc Nicolas Sarkozy et lui demandai de me garantir qu'il pourrait réaliser son rêve. Et Sébastien Proto revint à Bercy.

Munie d'un directeur de cabinet respecté par tous, il me restait à convaincre mes directeurs et les membres de mon nouveau cabinet que j'étais bien la « patronne ». Je savais que les fonctionnaires de Bercy regardaient d'un œil dubitatif la ministre que j'étais : habitant en grande couronne, ils avaient calculé que je passerais trois heures dans ma voiture chaque jour. Sans compter ma famille : un mari, trois enfants. Je ne pourrais pas être très disponible !

Nombre d'entre eux s'attendaient donc à ce que je demande grâce rapidement, anéantie par les horaires à rallonge et la lourdeur de la tâche. Je leur ai immédiatement coupé l'herbe sous le pied, en commençant par appeler mes principaux directeurs pour leur demander s'ils étaient disponibles le samedi et le dimanche suivant ma nomination pour venir me faire un point de la situation. Je multipliai les réunions tardives pour montrer ma totale disponibilité. J'avalais tous les dossiers et tous les chiffres pour ne pas m'en faire remontrer par les techniciens du budget, ceux qui vous noient sous les millions d'euros faute d'avoir la moindre vision stratégique.

Bien m'en prit, car après un mois de juillet occupé à défendre la règle d'or et à préparer le budget 2012, les turbulences de la zone euro me conduisirent à passer le mois d'août à concocter avec François Baroin des plans d'urgence pour rétablir des finances publiques à la dérive. Heureusement, nous nous connaissions depuis longtemps, nous partagions les mêmes valeurs et nous avons pu travailler en confiance et en harmonie. L'action de l'État pendant cette période en a bénéficié. Imaginez un instant Pierre Moscovici et Arnaud Montebourg confrontés à la même situation, tirant à hue et à dia. Ç'aurait été une catastrophe.

C'est là que j'ai réalisé combien il est difficile de faire baisser les déficits sans mener des réformes de structure. Si vous demandez aux Français de travailler jusqu'à soixante-deux ans, vous faites mécaniquement des milliards d'économies. Si vous spécialisez ou fusionnez les collectivités locales, là encore, vous économisez des milliards. Idem lorsque vous centralisez les achats de toutes les administrations, lorsque vous rationalisez le parc immobilier ou lorsque vous fixez un plafond des loyers dans les administrations. Mais là, en plein mois d'août, trouver au pied levé 7 milliards d'euros pour éviter un dérapage budgétaire, c'était loin d'être évident. Surtout en pleine année électorale. Du jamais vu.

Nous aurions sans doute dû accélérer dès l'été les réformes que nous avons engagées six mois plus tard : compétitivité, retraites. Mais dans l'urgence, nous avons commencé par le plus facile : réduire les niches fiscales et ainsi augmenter les impôts ! Le contraire de ce que nous avions promis.

Bien évidemment, on se trouve toujours des excuses. Nous avons agi sous une forte pression. Dans un environnement pour le moins houleux. Avec un risque d'explosion de la zone euro. À ce moment-là, nous redoutions, avec une inquiétude excessive sans doute, une dégradation par les agences de notation, mais surtout une hausse des taux d'intérêt, ce qui aurait gravement compromis la baisse nécessaire des déficits.

Nous n'avions pas d'autre choix, mais néanmoins je garde de ce premier plan de redressement d'août 2011 un sentiment d'occasion manquée. Parfois, je me dis que si j'avais occupé mes fonctions à Bercy depuis plus longtemps, j'aurais eu davantage de recul et j'aurais mis en avant les réformes de compétitivité, comme nous le ferons en novembre de la même année. D'une manière générale, je plaide pour que les ministres aient des mandats longs. C'est ce qui m'a permis d'avoir un bilan solide au ministère des Universités. Une réforme, ce n'est pas seulement une loi à faire voter, mais tout un processus. Il faut faire changer les mentalités, les habitudes.

À d'autres moments, je me dis que les regrets sont inutiles car les Français n'étaient pas prêts, dans la torpeur de ce mois de congés estivaux, à accepter un plan de redressement douloureux (TVA antidélocalisation, accélération de la réforme des retraites ou désindexation des dépenses sociales...). Et que ce n'est que cinq mois plus tard, après une crise de la zone euro largement médiatisée, que les Français, préparés psychologiquement, ont pu digérer la potion amère de réformes qu'ils avaient tant combattues jusque-là.

Mais le résultat est là. Alors que les impôts et autres prélèvements obligatoires avaient baissé de presque 20 milliards entre 2007 et 2010 (passant de 43,4 % à 42,5 % du PIB), ils repartirent franchement à la hausse en 2011. Pour remonter à 43,9 %. Ce fut un boulet assez lourd à traîner lors de la campagne de

2012. Paradoxalement, Nicolas Sarkozy, présenté souvent comme le « Président des riches », a fini son quinquennat en augmentant considérablement les impôts des plus aisés avec la contribution exceptionnelle de 4 % sur les plus hauts revenus, la nouvelle taxation des résidences secondaires et celle des revenus du capital.

On a beau répéter – et c'est vrai – que la crise est passée par là, ce n'est pas le moindre des paradoxes de ce quinquennat.

6

L'overdose fiscale

Tous les mois, ou presque, le gouvernement de François Hollande décide d'une augmentation d'impôt. Tout en promettant régulièrement que, cette fois, c'est terminé ! Et en affirmant que, bien évidemment, seuls les riches, les plus aisés, sont touchés. Qui peut croire cela ? C'est fait de manière plus ou moins déguisée, avec un emballage trompeur.

Baisse du plafond, relèvement du seuil, gel du barème, relèvement des tranches, coup de rabot... Un jargon qui, croit le gouvernement, jette un voile pudique sur une politique de gribouille. En un an, les socialistes auront augmenté l'ISF, certes, mais aussi l'impôt sur le revenu, la TVA, la taxe sur les tabacs et la bière, créé une taxe sur les retraites, relevé la redevance télé, refiscalisé les heures supplémentaires... En un an, les ménages ont vu leur facture fiscale grimper de quelque 13 milliards d'euros.

En révisant, une fois de plus, à la baisse le quotient familial, le gouvernement va ponctionner à nouveau d'un peu plus de un milliard les ménages. Et cela, au nom de la bonne gestion du pays. François Hollande ne veut pas prononcer le mot rigueur, alors il utilise le mot « sérieux budgétaire ». C'est moins connoté politiquement, et cela en impose. Hélas, ce quinquennat qui débute n'a rien de sérieux : il tombe surtout dans l'overdose fiscale. Il ne suffit pas, pour soi-disant bien gérer, d'équilibrer recettes et dépenses.

Car la dépense ne cesse de progresser, alors qu'on nous promet des économies. Elle a explosé à 56,5 % du PIB, et les impôts augmentent. C'est cela, le sérieux budgétaire ? Le gouvernement s'entête à taxer les citoyens, pour financer l'État et les collectivités, alors que justement cette politique absurde est largement à l'origine du découragement des acteurs de l'économie. Et donc de nos difficultés.

Faut-il lui rappeler qu'un État raisonnable ne devrait jamais redistribuer avant d'avoir produit des richesses ? Ce recours permanent à l'impôt pour régler la moindre difficulté me navre. Il me révolte. Mais je sais que cela ne date pas des excès de François Hollande.

C'était à l'automne 2011. Lors d'une réunion à l'Élysée, je propose une deuxième règle d'or, à côté de celle qui imposera le retour à l'équilibre du budget : une règle d'or fiscale. Selon cette règle, un même impôt ne pourrait être modifié plus d'une fois au cours d'un quinquennat. Une stabilité de cinq ans serait garantie à tous : ménages, entreprises, investisseurs. Et les lois fiscales ne pourraient s'appliquer rétroactivement, après que les décisions des acteurs économiques ont été prises. On ne changerait plus les règles du jeu en cours de route. Ainsi la confiance pourrait commencer à revenir petit à petit. Les Français abandonneraient l'épargne de précaution, au profit de la consommation ou de l'investissement. Nicolas Sarkozy et François Fillon accueillent cette proposition avec un silence dubitatif et poli. Ils semblent même un peu interloqués. Je sens que ma proposition leur paraît farfelue : je suis en train de faire un « flop ». Seul le secrétaire général de l'Élysée, Xavier Musca, semble prêter intérêt à mon discours. Il reconnaît implicitement que nous avons trop modifié les règles fiscales durant le quinquennat, au risque de donner le tournis aux acteurs économiques. Et en tant que ministre du Budget, je sais de quoi je parle.

C'est moi qui ai conduit, durant l'été 2011, les débats qui ont mené à l'adoption d'un projet de réforme pour introduire dans la Constitution une « règle d'or budgétaire ». Une loi qui oblige la France à un retour à l'équilibre des finances publiques. C'est une mini-révolution. Désormais, selon cette loi, chaque année, le Conseil constitutionnel pourrait sanctionner le gouvernement et le Parlement en cas de déficit excessif.

La négociation à l'Assemblée et au Sénat a été rude. Chacune des deux Chambres avait « sa » vision de la règle et surtout aucune ne voulait renoncer à son pouvoir d'amendement. Une des dispositions phares, la plus coercitive, a hélas fait l'unanimité contre elle. Elle imposait que toute nouvelle dépense publique ne puisse être votée qu'à l'occasion de l'adoption d'une loi de finances. Pas par le biais d'un amendement ou de tel ou tel artifice. Mais nous avons dû y renoncer, pour obtenir des parlementaires qu'ils votent la loi constitutionnelle. C'est dire les réticences.

Je peux comprendre que les parlementaires n'aient pas accepté de se retrouver « sous la coupe de Bercy ». Mais en même temps – et François Fillon en était convaincu –, pour retrouver l'équilibre budgétaire, nous devions instaurer de nouveaux garde-fous pour limiter la propension maladive à la dépense publique de toute la sphère politique. Ce que je vais expliquer peut paraître technique, mais cela permet de faire comprendre le délitement de notre processus de décision.

Sur le papier, l'article 40 de la Constitution interdit aux parlementaires de poser des amendements qui augmentent les dépenses de l'État. Mais, au fil du temps, cette interdiction s'est révélée inopérante. D'abord, il suffisait au parlementaire de préciser dans son amendement qu'il allait « gager » la nouvelle dépense sur une économie ou, plus fréquemment, une nouvelle taxe. Et nous nous étions aperçus que cette disposition conduisait à des augmentations fiscales incontrôlées. Combien de fois avons-nous vu des amendements engageant des dépenses nouvelles « gagées » sur des hausses plus ou moins fantaisistes des droits sur le tabac et les alcools ! À tel point que ce système a fini par être refusé par le président de la commission des Finances, gardien de l'application de l'article 40. Mais pas toujours.

Je me souviens d'une passe d'armes assez virile avec Didier Migaud, alors président de la commission des Finances justement. C'était le 25 juillet 2007, je venais d'être nommée ministre des Universités et je présentais la loi d'autonomie à l'Assemblée. Migaud avait laissé passer un amendement socialiste sur un projet qui nous tenait particulièrement à cœur, Roselyne Bachelot, ministre de la Santé, et moi-même : la revalorisation des diplômes des infirmières. Nous voulions donner davantage de perspectives de carrière à ces piliers du service public hospitalier.

Mais reconnaître au diplôme d'infirmière le grade de licence avait un coût financier puisqu'il entraînait mécaniquement une revalorisation salariale. Les députés socialistes, furieux que nous nous appropriions un sujet aussi populaire, ont tenté de nous couper l'herbe sous le pied en déposant un amendement pour nous prendre de vitesse : ils proposaient d'intégrer sur-le-champ les formations d'infirmières et des personnels paramédicaux dans le système de diplômes européens dit LMD, licence-master-doctorat. Les parlementaires UMP ne voulurent pas être en reste et présentèrent eux aussi leur amendement sur le même sujet. Je sais, cela peut paraître compliqué, mais la vie politique, c'est essentiellement cela. Des discussions techniques, des combats tacticiens. Ce ne sont pas seulement les petites phrases dans la salle des Quatre Colonnes.

Je me suis donc opposée à ces amendements en ces termes : « Je ne comprends pas comment cet amendement a pu arriver en discussion publique. En effet, s'il est voté, il entraînerait de 120 à 150 millions d'euros de dépenses supplémentaires pour l'État. Or, aux termes de l'article 40 de la Constitution, un parlementaire ne peut proposer d'amendement qui augmente la dépense publique. » Réponse immédiate du député socialiste Jean-Yves Le Déaut : « Nous voulons mettre fin à un système injuste, et vous nous répondez que ça va coûter de l'argent ! Inutile, dans ces conditions, de prétendre revaloriser le rôle du Parlement. »

Didier Migaud fut tellement outré que je me sois permis de mettre en cause son rôle de « filtre » constitutionnel que le lendemain, il fit lire dans l'Hémicycle la lettre qu'il avait adressée à François Fillon. Dans cette lettre de protestation, il s'offusquait qu'un ministre de la République pût critiquer le travail du président de la commission des Finances ! Il faut dire qu'au nom d'un meilleur équilibre des pouvoirs, Nicolas Sarkozy avait institué la nouvelle règle, qui attribue désormais la présidence de cette commission à un représentant de l'opposition. Didier Migaud tenait à prouver qu'il n'exerçait pas ses fonctions dans une logique partisane. Voire. Mais en l'occurrence, il avait bel et bien fait une erreur potentiellement très coûteuse pour l'État. Cet épisode m'a démontré, une nouvelle fois, à quel point il est difficile de restreindre le pouvoir d'amendement des parlementaires, qui sont eux aussi perpétuellement tentés par la dépense, et que le filtre constitutionnel reste un panier percé.

Il y a un autre risque de contournement du verrou de l'article 40 : le ministre concerné par un amendement peut, durant la discussion au Parlement, décider de « lever le gage ». Cela consiste simplement à prendre acte de la demande des parlementaires et à décider que l'État en assumera le surcoût. Du coup, cet article peut être allégrement contourné, parfois à l'initiative du ministre lui-même, qui fait ainsi porter par les parlementaires les dépenses qui lui ont été refusées dans les arbitrages de Matignon !

C'est un secret de polichinelle : Jean-Louis Borloo était en permanence soupçonné par les services du Premier ministre de faire ainsi déraper les dépenses au profit des causes qu'il défendait. Un jour il obtenait l'augmentation des budgets des agences dépendant du ministère de l'Environnement, un autre, il instaurait une nouvelle niche fiscale écologique. Au grand dam de Bercy.

Ah, Bercy ! La forteresse. Le coffre-fort. Passage obligé pour tous ceux qui ont de l'ambition. Il est vrai qu'il n'y a pas meilleur poste d'observation de la vie de l'État. D'autant que Nicolas Sarkozy a choisi de rapatrier au ministère le suivi des comptes sociaux : désormais toutes les caisses contrôlées par l'État sont tenues dans une même main. C'est d'ailleurs le seul conseil que j'aie donné à Pierre Moscovici lors de la passation de pouvoir : « Ne te laisse pas prendre les comptes sociaux, sinon tu n'auras la maîtrise que du tiers des dépenses publiques, celles de l'État, et tu ne réduiras pas le déficit. » Visiblement, dans les jours qui suivirent, François Hollande, qui avait un temps envisagé de réduire le périmètre du ministère des Finances, s'est rendu à l'argument.

Mais cela n'a pas empêché l'overdose fiscale. Dès son arrivée au pouvoir, contraint de concrétiser ses promesses électorales, François Hollande a rouvert toutes les vannes de la dépense publique. Et pour financer les nouvelles dépenses, il a immédiatement augmenté les impôts sur les ménages et les entreprises de 32 milliards d'euros.

Pour l'économie française, déjà très affaiblie en mai 2012 par une année électorale traditionnellement marquée par l'attentisme des acteurs économiques, cette attaque fiscale fut le coup de grâce. Stagnation, voire récession, baisse de la consommation, plongeon des investissements, recul des marges des entreprises, diminution du pouvoir d'achat pour la première fois depuis des décennies, chômage record. Beau résultat !

Et tout cela dans la plus grande hypocrisie. Comme si les mots pouvaient éviter les inévitables conséquences d'un matraquage fiscal. C'est Jean-Marc Ayrault qui affirme que 90 % des Français ne seront pas touchés par les hausses d'impôts. Jérôme Cahuzac qui prend l'engagement que les impôts n'augmenteraient plus en 2014 – en dehors de la hausse prévue de la TVA. Confronté à la réalité, François Hollande se montre désormais plus prudent. Lors de sa conférence de presse de juin 2013, il s'est contenté de souhaiter que « les impôts sur les ménages n'augmentent pas en 2014 ». Et que fait-il pour ? Rien ou presque.

Les Français doivent connaître la vérité. Or même nous, députés, anciens ministres, en juin 2013, nous ne la connaissons pas. Le gouvernement a obstinément refusé de présenter un budget rectificatif au Parlement alors qu'il a révisé sa prévision de croissance 2013 de 0,8 % à 0 %. Cela impose forcément une révision à la baisse des rentrées fiscales. Si le gouvernement se refuse à faire la transparence sur la situation financière, cela signifie qu'il ne veut pas que la vérité éclate : des rentrées fiscales plus faibles que prévu, des dépenses qui dérapent. La seule vérité dont on soit sûr, c'est que bien entendu les impôts vont continuer d'augmenter. C'est d'ailleurs ce que prévoit le gouvernement dans les perspectives qu'il a envoyées à Bruxelles au printemps 2013, avec 6 milliards de hausse des prélèvements par rapport à l'année précédente.

Je crains que les hausses d'impôts spectaculaires – sur les revenus investis en actions, les plus-values immobilières, l'impôt sur le revenu, les emplois à domicile, les heures supplémentaires – ne se traduisent nullement par une hausse des recettes fiscales, mais au contraire par une baisse conséquente. En vertu du principe « trop d'impôt tue l'impôt ». À un certain stade d'imposition, on encourage le travail au noir, la délocalisation fiscale, ou les stratégies d'attente. Combien de dirigeants d'entreprise m'ont confié ne pas attribuer de dividendes cette année ? Combien ont renoncé à prendre de nouvelles commandes de peur d'avoir à embaucher ? Combien se préparent à délocaliser leurs cadres, voire leur siège social ? Attendant retour à meilleure fortune. Mais ensuite, le mouvement est-il vraiment réversible ?

Cela conduit à un cycle infernal dramatique car, pour maintenir ses recettes, le gouvernement n'a d'autre solution que de poursuivre la hausse fiscale, au risque d'asphyxier complètement l'économie. Nous avons déjà dix points d'impôts sur le capital de plus que l'Allemagne, ce qui dissuade les Français d'investir dans les entreprises. Et du coup, le gouvernement est obligé d'installer un dispositif spécifique d'investissement de l'épargne de l'assurance vie en actions. Jusqu'où irons-nous dans le refus de la réalité, en corrigeant les erreurs avec des usines à gaz coûteuses et, de surcroît, inefficaces ?

Il en va de même pour la fiscalité des plus-values des entrepreneurs. La violence de la réaction des « pigeons » qui menaçaient de s'expatrier pour aller créer des emplois ailleurs a été entendue par le gouvernement. Un peu tard. On reproche à Jérôme Cahuzac d'avoir fraudé le fisc et menti, mais on dit souvent qu'il a été un bon ministre. C'est faux ! Il a géré le budget de l'État en comptable, sans jamais prendre en compte les conséquences de ses décisions sur l'économie réelle. Aujourd'hui, le gouvernement fait totalement machine arrière. Il va proposer une fiscalité beaucoup plus avantageuse pour les entrepreneurs. Ceux-ci ont retrouvé temporairement le sourire. Mais à quel prix ? Combien d'investisseurs se sont détournés de la France durant ce laps de temps ? Quel gâchis !

La rébellion des contribuables conduit peu à peu le gouvernement à hésiter face à l'hyper-taxation. On ne peut que s'en réjouir. Mais comment va-t-il compenser le manque à gagner ? À aucun moment il ne dit comment il va boucler le budget. Il est engagé dans une fuite en avant, une « cavalerie » comme on dit à propos d'une entreprise. Cette politique de gribouille semble ne reposer que sur un fol espoir : la croissance chinoise, la croissance américaine, la reprise mondiale...

Quand la droite reviendra au pouvoir, je suis persuadée qu'elle ne pourra retrouver la confiance qu'en s'imposant une règle d'or fiscale. J'y reviens. En s'interdisant de modifier un impôt plus d'une fois en cinq ans et en interdisant la rétroactivité des nouvelles taxes. Car face à l'instabilité fiscale à laquelle le pays aura été soumis, plus aucun citoyen français ne se contentera de bonnes intentions.

7

La dette nous menace

Lorsque j'étais ministre du Budget, je n'ai cessé de répéter aux parlementaires qu'« il n'y avait pas d'alternative » à la réduction des dépenses. Un jour, d'ailleurs, le sénateur communiste Alain Bocquet s'est insurgé : « De quoi débattre, s'il n'y a pas d'alternative ? » Et il avait ajouté, moqueur : « Comme madame Thatcher, vous méritez le surnom de TINA, *There Is No Alternative* », provoquant des rires amusés dans l'Hémicycle.

Je ne suis pas ultralibérale, loin de là. Mais je regrette que ce bon sens de fille de commerçant qu'était Margaret Thatcher ne soit plus guère incarné dans une sphère politique où l'on développe des théories économiques abstraites, avec de grands mots et de grands concepts qu'on ne maîtrise pas toujours. Pour elle, un sou était un sou, il devait être bien dépensé. Pour moi aussi. Je veux revenir à des principes de base, au bon sens. L'argent manque ? Il faut travailler plus et dépenser un peu moins. On est endettés au-delà du raisonnable ? Il faut rembourser pour retrouver notre indépendance vis-à-vis des marchés.

Dans le jargon financier, on dit souvent : « Les arbres ne montent pas jusqu'au ciel. » Une métaphore pour expliquer que les cours de bourse ne peuvent pas grimper indéfiniment, et qu'il faut se méfier des bulles spéculatives. J'ai envie de reprendre cet aphorisme pour évoquer la crise des dettes souveraines et le surendettement de notre pays. Il faut savoir à un moment dire stop. Nous en sommes là. Avec une dette supérieure à 90 % de notre richesse nationale – 1 834 milliards d'euros fin 2012 –, nous avons clairement atteint la cote d'alerte. Rappelons que le traité de Maastricht, fondateur de l'euro, imposait aux États de limiter la dette en dessous de 60 % du PIB.

La gauche, qui a largement minimisé la gravité de la situation du pays durant la campagne, ne cesse de répéter, pour s'exonérer, qu'elle a hérité d'une situation largement détériorée par dix ans de gestion de droite. Que de 2007 à 2012, la dette a progressé de 600 milliards. Ce n'est pas faux. Mais le problème ne date pas de 2007. De 1991 à 1998, la France a connu une explosion de sa dette publique. En six ans, elle a doublé, progressant de 24 points (36 % à 60 %), soit en moyenne de 4 points par an. Sous François Mitterrand comme sous Jacques Chirac.

Entre 1997 et 2002, Lionel Jospin, qui a pourtant bénéficié d'une croissance de plus de 3 %, a laissé filer la dette de plus de 100 milliards d'euros. Et puis la gauche s'est toujours opposée à toutes les grandes réformes que notre pays a tenté d'engager pour réduire ses déficits. À commencer par la première grande réforme des retraites, décidée par Jacques Chirac, puis celle de Nicolas Sarkozy. C'est la gauche encore qui, en 2001, a refusé de voter la « règle d'or » du retour à l'équilibre budgétaire, réclamant, au contraire... un plan de relance !

Depuis que Jean-Marc Ayrault est à Matignon, la dette publique a continué de croître de près de 100 milliards d'euros. Les promesses de campagne de François Hollande ont entraîné une sortie de route budgétaire affligeante : retraite à soixante ans, doublement de l'allocation de rentrée scolaire, recrutements par milliers dans l'Éducation nationale... Le gouvernement a bien tenté de nier, de cacher la poussière sous le tapis, mais la Cour des comptes a montré au grand jour la gravité de la situation.

Quelques hommes politiques, trop rares, ont tenté de faire de la réduction de la dette une priorité. Notamment Thierry Breton, ministre de l'Économie de Dominique de Villepin, durant le dernier mandat de Jacques Chirac. Dès 2005, il a tiré la sonnette d'alarme en déclarant que « la France vivait au-dessus de ses moyens ». C'est lui qui a commandé le fameux rapport sur la dette à un ex-directeur au Trésor, Michel Pébereau. Et effectivement, en 2006, pour la première fois en trente ans, l'endettement de la France a diminué. De 2,7 % très exactement. La preuve qu'une politique rigoureuse peut porter ses fruits.

L'objectif de Thierry Breton était de ramener la dette de 66 % à 60 % du PIB, pour nous remettre dans les clous de Maastricht. En octobre 2006, avec son homologue allemand, il avait convaincu l'ensemble des ministres des Finances de la zone euro d'adopter un plan de désendettement global et de stabilité budgétaire pour 2010. Ce plan sera remis en cause, au grand dam des Allemands et des Européens, par Nicolas Sarkozy, dès son arrivée au pouvoir en juillet 2007. Comme avant lui Jacques Chirac, et comme François Hollande après lui, il s'est affranchi des contraintes de Maastricht.

C'est une constante, en France : les nouveaux présidents élus croient toujours qu'ils peuvent relancer l'économie par la dépense, et ainsi redresser le pays. Avant de finalement revenir à plus d'orthodoxie. François Bayrou est sans doute le seul candidat à l'élection présidentielle à avoir fait de la bonne gestion des deniers publics une priorité, dans un positionnement politique à la Raymond Barre. Cela lui a d'ailleurs valu un certain succès électoral en 2007. Mais, justement, il n'a pas été élu. En réalité, son programme n'était pas totalement crédible. Et son faible score de 2012 prouve qu'il ne suffit pas d'un discours incantatoire.

En dépit de leurs bonnes intentions, en réalité, les centristes n'ont jamais démontré leur capacité à tenir la dépense. Et à faire preuve de courage. Enfants de Raymond Barre sur le papier, adeptes de la gestion de « bon père de famille » sur le principe, aux affaires, ils n'ont jamais été exemplaires. Loin de là. À l'Éducation nationale, François Bayrou a renoncé à réformer et engagé des dépenses importantes, comme Jean-Louis Borloo avec son plan de cohésion sociale ou le Grenelle de l'environnement. D'où, d'ailleurs, le surnom affectueux que nous lui avions donné – « Monsieur un milliard » –, car aucune de ses propositions au ministère de l'Environnement ne se chiffrait jamais à moins de un milliard de dépenses supplémentaires...

Honnêtement, ni la droite ni la gauche n'ont, au plus haut niveau de l'État, considéré le problème de la dette et de la dépense publique à sa juste importance. Pourtant, derrière ce sujet, se profile une redoutable guerre entre les générations. Les jeunes actifs, aujourd'hui, contribuent beaucoup plus à notre système de protection sociale qu'ils n'en profitent. Ils en payent le prix à la fois en termes de pouvoir d'achat et de chômage.

Nos électeurs s'interrogent : mais comment nous, la droite, en sommes-nous arrivés là ? Il me semble utile de commencer par tordre le cou à un certain nombre d'idées reçues. D'abord, l'idée selon laquelle le surendettement serait un mal français. Il suffit de nous comparer avec les États-Unis (105 %), la zone euro (93,6 %) ou avec le champion toutes catégories qu'est le Japon (240 %) pour s'apercevoir que nous n'avons pas été les seuls à laisser filer notre dette pour financer notre « train de vie » et tenter de soutenir notre croissance.

Même des États réputés « bons gestionnaires » de l'argent public, comme l'Allemagne, ou disposant de services publics et d'une protection sociale sensiblement inférieurs aux nôtres, comme la Grande-Bretagne, ont eu recours à l'endettement pour enrayer la crise de 2009, qui a mis à rude épreuve les systèmes bancaires et les entreprises dans toute l'Europe. L'Allemagne a même gagné en 2011 le prix du champion d'Europe de la dette en valeur, avec plus de 2 000 milliards de dette, soit 83 % de son PIB.

Ce que je veux démontrer par là, c'est que, face à la crise de 2009, ceux qui n'ont eu de cesse de critiquer le soi-disant laxisme de Nicolas Sarkozy n'auraient sans doute pas agi différemment. Je me souviens des critiques de la gauche au moment où il a décidé de lancer un « grand emprunt » pour éviter l'effondrement de l'économie : insuffisant, inadapté ! Quant à François Hollande, il a publié une tribune sur slate.fr pour réclamer un « emprunt garanti par l'État » auprès des Français. Histoire de marquer sa différence. Mais j'ai peine à croire qu'il ne voyait pas qu'il s'agissait également d'une dette publique, même si elle n'était pas souscrite auprès des marchés financiers.

Si nous n'avons pas lancé un emprunt national auprès des citoyens, et préféré avoir recours aux marchés financiers, c'est tout simplement pour des raisons de coût. Pour mobiliser l'épargne des Français vers un emprunt national, il aurait fallu que l'État s'engage sur des rendements élevés, vraisemblablement défiscalisés, et, en période de taux d'intérêt réels très faibles, cela aurait été une belle bêtise économique.

Bref, en 2010, la gauche comme la droite plaidaient pour une relance par l'emprunt, en France mais aussi partout ailleurs. Le vrai problème n'est donc pas juste celui de la dette, qui a effectivement progressé durant la crise, c'est celui de notre incapacité à réduire nos dépenses courantes et surtout à créer un consensus sur la question de l'équilibre budgétaire.

Dès le début du quinquennat de Nicolas Sarkozy, un dilemme est apparu. Un acte fondateur de son action a été posé : la loi Travail, emploi, pouvoir d'achat, dite Tepa, votée dès l'été 2007. Cette loi, qui lui valut d'être mis en accusation tout au long du quinquennat, était une décision capitale. Elle devait relancer l'économie française par la baisse d'impôt : défiscalisation des heures supplémentaires, baisse des droits de succession, possibilité d'investir l'ISF dans les PME, bouclier fiscal, déduction d'impôt des intérêts d'emprunt pour l'achat de la résidence principale.

Nous étions nombreux à penser tout bas que cette loi, fruit direct des engagements de la campagne, était trop généreuse alors que nos déséquilibres financiers étaient déjà trop importants. Le seul qui eut le courage de le dire fut Éric Woerth, alors ministre du Budget. Il critiqua notamment la déductibilité rétroactive des intérêts d'emprunt pour l'achat de la résidence principale à l'impôt sur le revenu, dont le coût (7,7 milliards d'euros) lui paraissait insupportable. Il faillit y perdre son poste ministériel. Cette mesure fut d'ailleurs partiellement censurée par le Conseil constitutionnel et méthodiquement détricotée au fil du quinquennat.

Sans nul doute, le gouvernement a eu raison de tenir ses engagements sur un certain nombre de mesures :

défiscalisation des heures supplémentaires, possibilité d'investir l'ISF dans les PME, plafonnement de l'ISF, allégement des droits de succession. Mais si nous avions pu prévoir à l'époque la gravité de la crise à venir, nous n'aurions certainement pas pris une mesure aussi lourde de conséquences pour les finances publiques que la défiscalisation des intérêts d'emprunt pour les accédants à la propriété. J'ai eu la franchise de le dire il y a quelques mois dans une émission économique, et je me suis immédiatement fait reprocher d'ouvrir un « droit d'inventaire » du quinquennat écoulé ! Quant à la gauche, elle s'est saisie de mes paroles pour tenter encore une fois de noircir le bilan du sarkozysme. Sans pour autant en tirer des enseignements utiles : arrêter de dépenser trop avec des promesses purement politiques et inefficaces sur le plan économique ! Cette dérisoire polémique démontre la difficulté à avoir un débat serein sur ces sujets.

Après Jacques Chirac, Nicolas Sarkozy, François Hollande a lui aussi été contraint de demander un sursis à Bruxelles pour le retour à l'équilibre de nos finances publiques. L'Europe n'avait pas d'autre choix que de nous l'accorder, aujourd'hui comme hier, compte tenu du poids économique et politique de la France. Mais concrètement, qu'est-ce que cela veut dire ? Cela signifie que nous allons continuer tout au long de ce quinquennat à voir croître la dette de notre pays ? Après s'être drapé dans le « sérieux budgétaire » et le souci de « l'avenir de nos enfants », François Hollande va-t-il faire passer le sujet de la dette par pertes et profits ? On ne sait pas, tant le langage varie d'un ministre à l'autre. Et le plus inquiétant, c'est que désormais, même ceux qui sont considérés comme raisonnables, à l'instar de Pierre Moscovici, ne parlent plus de sérieux mais de relance, de croissance, d'investissement. Mais avec quel argent ? En vendant les participations de l'État ? C'est du cabotage sur mer agitée à courte vue.

Je n'ai philosophiquement aucune réticence au fait de vendre des bijoux de famille pour réaliser des investissements de long terme. Je suis la première à proposer, avec mon club de réflexion Le Labo des idées, que les infrastructures de transport du Grand Paris ou le plan national très haut débit soient financés par ce biais. J'avais d'ailleurs ardemment soutenu le plan dit d'investissements d'avenir, même quand celui-ci soulevait des réticences à droite comme à gauche. Ce fut une bataille de tous les instants contre les administrations qui s'ingéniaient à tout compliquer. Et pour engager la rénovation des campus universitaires, nous avons cédé des participations de l'État dans EDF, pour 3,5 milliards.

Mais on touche désormais aux limites de l'exercice. On ne peut pas juste relancer sans, en même temps, engager des réformes de fond. Et je me dois de tirer la sonnette d'alarme. Un seul chiffre pour tout résumer : les participations de l'État dans des entreprises publiques ou privées se montent au total à 62 milliards d'euros, or notre déficit annuel en 2012 était de 98 milliards. Cela signifie que, même en vendant tous les actifs de l'État, on ne pourrait pas combler une seule année de déficit…

Il faut rappeler encore, encore et encore que la charge de la dette, c'est-à-dire les intérêts que nous devons payer chaque année, représente aujourd'hui le premier budget de l'État, et nous coûte plus cher que l'Éducation nationale (hors pensions), soit 47 milliards. Avant même d'envisager la moindre dépense publique, nous devons avoir réglé près de 50 milliards à nos créanciers. C'est énorme. Et franchement dangereux.

Pour l'heure, nous profitons d'une politique monétaire très accommodante. Toutes les banques centrales du monde veulent favoriser la croissance. Des États-Unis, d'Asie, d'Europe – où Mario Draghi, à la BCE (Banque centrale européenne), a pris les bonnes décisions –, des liquidités affluent, qui cherchent à s'investir dans les économies les plus solides. Les fondamentaux de l'économie française sont encore bons. Surtout comparés à ceux de nos voisins de l'Europe du Sud. Et la France est réputée pour son savoir-faire en matière de collecte d'impôts. Mais combien de temps cette période de taux d'intérêt historiquement bas va-t-elle durer ? Est-il bien sérieux de baser l'équilibre financier de notre pays sur le pari que l'extérieur nous sauvera ?

Une augmentation de un point de nos taux d'intérêt, dans une économie qui emprunte chaque année 360 milliards d'euros (moitié à court et moitié à long terme), c'est à peu près 3,6 milliards. Deux points, c'est 7,2 milliards, l'équivalent du budget du ministère de la Justice. Nous ne pouvons pas danser au-dessus d'un tel volcan.

Il n'y a donc pas d'alternative à une réduction des dépenses et à des réformes qu'on nomme « structurelles », c'est-à-dire qui vont produire des économies de plus en plus importantes au cours du temps, comme la réforme des retraites, ou la réduction du nombre des fonctionnaires. Un fonctionnaire est recruté pour quarante-deux ans de vie active et il continue d'être rémunéré par l'État pendant sa retraite. En supprimant 150 000 emplois publics sous le quinquennat précédent, nous avons fait faire au budget des économies cumulées sur plus de soixante ans.

Il est navrant que sur ce sujet aussi la gauche ne fasse pas œuvre de pédagogie. Ne prenne pas officiellement la voie sociale-démocrate, au lieu de continuer à qualifier Angela Merkel d'ultralibérale, de saluer les réformes prises par Gerhard Schröder « par politesse » quand François Hollande se rend à l'anniversaire du SPD, mais de les rejeter en bloc pour la société française.

Schröder le social-démocrate, l'homme qui a lancé le plus courageux et radical mouvement de réforme de la protection sociale en Europe. Partout autour de nous, des gouvernements sociaux-démocrates ont pris la mesure des choses : en Allemagne, mais aussi en Suède, nation solidaire par excellence. Réduction des allocations chômage à une durée de six mois au lieu de dix-huit. Plafonnement de ces allocations à un maximum de 2 000 euros par mois (contre 6 000 en France aujourd'hui). Privatisation des hôpitaux publics non rentables. Mise en concurrence des caisses d'assurance maladie. Départ à la retraite à soixante-sept ans. Réduction du périmètre de l'État à ses missions les plus essentielles…

Qui peut croire que les responsables socialistes français sont prêts à assumer une telle remise en cause ? Mais je dois avouer qu'aucun responsable politique de droite non plus n'a fait des propositions aussi audacieuses ! Il est vrai que la droite gaulliste est avant tout keynésienne et qu'elle croit à la puissance de la dépense publique. Elle a toujours fonctionné ainsi. Je me souviens du temps où certains de mes amis politiques affirmaient qu'un euro dépensé dans la sphère publique avait le même impact sur l'économie qu'un euro investi dans le privé. Simplement, aujourd'hui, l'économie ne fonctionne plus de la même manière que dans les années 70 ! Nous sommes en économie ouverte. Les plans de relance par la consommation alimentent d'abord les économies étrangères, dont les produits sont plus innovants ou moins chers que les nôtres. Et puis surtout, il n'y a plus d'argent dans les caisses. Cela exige de réfléchir à un nouveau modèle de prospérité.

Je suis inquiète car je sais que cette question de la dette et de la lutte contre les déficits ne fait toujours pas l'unanimité dans le pays, ni à gauche ni à droite. Entre Jean-Luc Mélenchon et Marine Le Pen qui osent affirmer que nous n'aurons jamais à rembourser cette dette et François Hollande qui encense le modèle japonais, fondé sur 250 % de dette, sans compter tous ceux qui rêvent que le problème se réglera par de l'inflation, je m'aperçois que la France continue de préférer le déni, et le court terme, à la réalité et à la raison.

Je crains qu'en 2017, à l'élection présidentielle, par peur des populismes, pour redonner espoir aux Français, le candidat de la droite ne cède lui aussi, une fois encore, aux sirènes de la dépense. Et de l'ultraendettement. En se disant, pour se donner bonne conscience, que ce n'est pas si grave, que cela favorisera un retour à la croissance.

C'est pourquoi aujourd'hui je tire la sonnette d'alarme et j'exige que tous les politiques nous donnent leur réponse à cette question si cruciale pour les générations futures. Chaque enfant de France naît avec une dette de 28 000 euros à rembourser. Il faut affirmer haut et fort que l'on ne peut pas vivre à crédit, que la dette ne peut pas monter jusqu'au ciel. Je veux dire les choses avec clarté. Car je veux redresser mon pays. Et toutes les propositions faites à l'avenir devront en priorité contribuer à faire des économies, dans les dépenses de l'État, des collectivités locales, des régimes sociaux. Ma fibre gaulliste, je dirais même souverainiste, est choquée par la résignation molle du gouvernement Ayrault.

Comment pouvons-nous accepter de nous mettre ainsi dans les mains, un jour, d'une hypothétique relance allemande, le lendemain, d'un redémarrage de l'économie américaine, le surlendemain, de la croissance chinoise ? Ne voulons-nous pas rester maîtres de notre destin ?

8

Arrêtons les gaspillages !

Trop de ministres, trop de collectivités territoriales, trop de parlementaires, trop de cumuls... Si on veut vraiment mettre fin aux gaspillages, à la suradministration de notre pays, il va falloir revoir nos institutions : simplifier, supprimer, clarifier. La première source de gaspillage ? Notre millefeuille administratif. Déjà Jacques Chirac, quand j'étais à son cabinet à la fin des années 90, dénonçait devant moi ces lois de décentralisation votées quinze ans plus tôt, qui avaient donné de nouvelles compétences aux collectivités locales sans jamais se traduire par une réduction des compétences de l'État et donc de sa fonction publique. Il est tellement plus facile d'ajouter que de retrancher !

Par ailleurs, notre démocratie se meurt, dit-on, du « cumul des mandats ». Avec des parlementaires présidant des régions, des départements ou de grandes agglomérations. Conflits d'intérêts, absentéisme, concentration des pouvoirs, difficulté à renouveler et féminiser le personnel politique, je vois bien tous les défauts liés à cette pratique typiquement française, mais personne ne semble s'interroger sur les origines du problème.

Le vrai sujet, c'est la faiblesse intrinsèque des parlementaires. Face à l'exécutif, ils ne pèsent rien ! Quand j'étais ministre, mon cabinet comptait vingt collaborateurs de très grande qualité, recrutés à des salaires parfois supérieurs au mien. Nous disposions de toute une infrastructure : secrétaires, chauffeurs, voitures, cuisines, services de documentation... Et je pouvais, en plus, me reposer sur l'expertise des milliers de fonctionnaires de mon ministère. En face ? Le parlementaire dispose d'une maigre enveloppe pour recruter un collaborateur à Paris. Avec une secrétaire, un collaborateur dans la circonscription, on ne va pas loin.

S'ils ne disposent pas, à côté de leur mandat national, des moyens d'un exécutif puissant – une ville, un département ou une région –, les parlementaires ne pèsent rien. Ils sont des « nains » politiques à côté des ministres. Et ils sont aussi fragiles dans leur territoire face aux barons locaux. Ces déséquilibres doivent être impérativement corrigés si l'on veut que les parlementaires se consacrent à plein temps à leur activité nationale et soient véritablement utiles à la démocratie.

Comment, sinon, attendre d'eux un vrai travail de proposition et de contrôle ? On ne le clame pas sur tous les toits, mais la plupart des propositions de loi d'origine parlementaire sont des petites lois, avec un impact très limité, car nous manquons de collaborateurs suffisamment experts pour écrire de grandes réformes. Les fonctionnaires des commissions parlementaires sont très compétents, mais ils sont accaparés par l'analyse des projets de loi du gouvernement et la rédaction des amendements.

Pour ma part, depuis toujours, je suis favorable au non-cumul des mandats et c'est pourquoi, sur ce point, j'ai soutenu la loi de François Hollande. Mais elle a manqué le coche, car elle a affaibli les parlementaires au lieu de les renforcer. C'est une loi qui déséquilibre les pouvoirs, elle aurait dû parallèlement réduire de moitié le nombre de parlementaires et leur attribuer les moyens de constituer une véritable équipe de travail.

Moitié moins de parlementaires, donc, mais aussi moitié moins... de ministres. Trente-cinq ministres et secrétaires d'État. Cela n'a pas de sens. Les députés ont beau jeu, à chaque changement de gouvernement, de pointer sur le banc des ministres les inconnus en demandant avec un sourire en coin : « Il (elle) est ministre de quoi déjà ? »

Cet étalage de moyens inutiles, ce gaspillage, avec des fonctions redondantes voire contradictoires, est très mal vu par les Français. Cela finit même par provoquer un poujadisme néfaste. Ainsi ai-je rencontré à de nombreuses reprises des gens qui plaidaient pour la suppression de tous les avantages matériels des ministres. En mélangeant tout : chauffeurs, voitures, officiers de sécurité, appartements, avions. Certains ont abusé. C'est vrai. Mais on ne peut pas laisser dire n'importe quoi non plus. Du temps où j'étais ministre du Budget et porte-parole du gouvernement, j'aurais été physiquement incapable de conduire une voiture pour rentrer chez moi dans les Yvelines à 1 h 30 du matin après trois séances de nuit successives, avec la perspective d'un lever à 6 h 30 pour assurer l'émission matinale d'une radio.

En revanche, le gouvernement devrait comprendre un nombre maximum de ministres, qui ne devrait pas dépasser quinze ou seize. Et zéro ministre délégué ou secrétaire d'État. Un secrétaire d'État, c'est toute une logistique et une administration supplémentaires. Cela a un coût très élevé.

Néanmoins, je reconnais que les secrétaires d'État ont une certaine utilité. Ils secondent bien souvent le ministre, et soulagent son emploi du temps. Ils peuvent le représenter sur tout le territoire. Et pour moi, il est crucial que l'État se déplace partout, pour échanger et débattre, sinon le gouvernement s'enferme dans sa tour d'ivoire. Ils peuvent également le remplacer lors de débats parlementaires interminables, qui parfois se chevauchent entre Sénat et Assemblée. Ministre du Budget, en charge de deux plans de redressement successifs, je n'ai pas vu la lumière du jour pendant près de trois mois et j'ai fini la discussion budgétaire 2011 à l'hôpital, sous perfusion d'antibiotiques, faute d'avoir écouté mes limites physiques.

Enfin, les secrétaires d'État peuvent représenter leur ministre à l'étranger, particulièrement dans les instances européennes, où la France se singularise trop souvent par l'envoi de hauts fonctionnaires, en lieu et place des décideurs politiques. C'est inacceptable. D'ailleurs, pour encourager les membres du gouvernement à se rendre à ces réunions où se prennent souvent des décisions importantes, Nicolas

Sarkozy avait mis en place un système de *reporting* qui lui permettait de savoir qui avait participé à telle ou telle instance. En début de Conseil des ministres, Bernard Kouchner lisait le rapport. L'idée était excellente. Les membres du gouvernement n'ont pas toujours le temps ni l'envie d'aller à Bruxelles ou ailleurs, mais à l'idée que le Président jettera un œil approbateur sur un déplacement, ils se sentaient des ailes... Pourtant cet exercice, un peu fastidieux il est vrai, comme un tableau d'honneur de fin d'année, a un jour cessé et n'a pas été remplacé. L'absentéisme à Bruxelles a repris de plus belle, au grand dam du commissaire européen Michel Barnier, qui n'a eu de cesse de le dénoncer.

Pour toutes ces raisons, je proposerais donc de doter chacun des ministres de un à trois « députés-secrétaires d'État », comme en Grande-Bretagne. Choisis parmi les parlementaires les plus expérimentés et les plus dynamiques, ces députés-secrétaires d'État continuent de siéger au Parlement, mais travaillent en lien étroit avec le ministre, disposent de ses collaborateurs, et portent la parole du ministre dans toutes les instances où il doit être représenté. Ils peuvent également être apporteurs d'idées pour le ministre et apprennent ainsi les rudiments du métier sans pour autant chercher à faire de l'ombre à celui sous la tutelle hiérarchique duquel ils sont clairement placés.

Moitié moins de ministres et de parlementaires, mais aussi moins de niveaux d'administration territoriale. À deux reprises, la droite a échoué à simplifier le millefeuille administratif. En 2004 sous Jean-Pierre Raffarin, et en 2010 sous François Fillon. Un détail amusant qui en dit long sur l'énorme décalage entre conviction et réalisation. Il se trouve qu'en 2001, Jean-Pierre Raffarin et François Fillon, alors puissants présidents de région, siégeaient tous les deux dans un groupe informel dirigé par Antoine Rufenacht qui avait été chargé par Jacques Chirac de faire des propositions décapantes pour simplifier notre enchevêtrement de collectivités locales. Ils avaient alors fait – j'imagine à l'unanimité – des propositions marquées au coin du bon sens. Ils proposaient de créer deux couples départements-régions d'une part et communes-intercommunalités de l'autre, de manière à ce que les mêmes élus siègent dans ces deux entités. Chacune aurait été dotée de compétences spécifiques, pour éviter les doublons. Il était prévu également de faire correspondre à chaque compétence un impôt clairement identifié afin que les citoyens puissent comparer les efficacités respectives des collectivités. En dix ans, la droite n'est pas arrivée à mettre en œuvre cette réforme, essentielle à mes yeux. Comme aux leurs, je suppose. Tous les deux, pourtant, ont été Premier ministre et tous les deux ont porté une réforme des territoires !

Cela dit, nous ne sommes pas restés inactifs. En dix ans, nous avons avancé, nous avons évolué dans la bonne direction. En imposant aux trente-six mille communes d'appartenir, dès 2014, à une intercommunalité. Ce qui devrait, en théorie, leur permettre de mutualiser les compétences et de faire des économies d'échelle. L'adoption du principe d'un « conseiller territorial » siégeant à la fois au département et à la région était l'amorce d'une fusion du département et de la région qui ne disait pas son nom. En revanche, la suppression de la clause générale de compétence qui permet aux départements et aux régions de se saisir de tous les sujets n'a pas survécu à son passage au Sénat. Et désormais nous continuons de vivre dans un système où une salle polyvalente communale reçoit une subvention à la fois de la commune, du département et de la région pour voir le jour, avec trois instructions différentes du dossier, faites par des fonctionnaires différents. Cela fait perdre un temps considérable et a un coût extravagant. Car évidemment, entre-temps, les devis des travaux explosent. Et cela nourrit une interdépendance malsaine entre les différentes collectivités.

J'ai ressenti cette reculade comme une défaite personnelle. En effet, j'avais défendu avec conviction cette réforme en 2010, convaincue du gaspillage engendré par cet empilement administratif. Et cela a donné un argument de campagne à mon adversaire socialiste Jean-Paul Huchon en Île-de-France. La région distribue en effet 550 millions d'euros (vous avez bien lu : 550 millions d'euros !) de subventions à des associations chaque année, et il s'était empressé d'alerter tous les bénéficiaires en leur expliquant qu'avec moi rien ne leur serait plus versé... Un bel exemple de clientélisme !

À l'arrivée, un combat mené pour rien, une réforme enterrée et une défaite à la région. Cette réforme utile et courageuse a été abandonnée parce que, disait-on, elle risquait de nous faire perdre le

Sénat. Eh bien, nous avons perdu le Sénat quand même. Sans qu'on ait eu au moins la satisfaction d'avoir mené à bien un travail de simplification que nous savions indispensable.

La gauche a balayé tous nos efforts en supprimant le conseiller territorial, en redonnant aux départements et aux régions leur indépendance mutuelle et en engageant une nouvelle étape de la décentralisation sans simplifier le millefeuille coûteux et d'une complexité absurde. C'est une faute politique historique. D'autant que, durant la campagne, la gauche avait laissé entendre qu'une réforme des collectivités pouvait être une des pistes pour réduire la dépense.

Pire, à l'été 2013, l'ajout d'un nouvel échelon, la future « métropole », va encore compliquer le paysage. Surtout à Paris, où la métropole se superposera aux communes, aux « territoires » nouvellement créés (!) et au département. Pourquoi ajouter un cinquième étage au millefeuille alors que la région Île-de-France pouvait très simplement jouer ce rôle de coordination ?

Et pourquoi laisser en dehors de cette métropole les cinq millions d'habitants de la grande couronne, qui vivent plus éloignés des environs de Paris mais bien souvent y travaillent ? Les « rurbains », comme disent les sociologues, risquent d'être peu à peu écartés des réseaux de transport, de service public et même de communication.

Il faudra impérativement revenir sur ce sujet. Je propose pour ma part de fusionner départements et régions, pour créer une entité dotée de compétences spécifiques, afin d'éviter que les innombrables élus n'interviennent sur tout et n'importe quoi. Par électoralisme, par idéologie, ou tout simplement par foucade.

Reste, pour compléter la réflexion sur l'organisation administrative que j'appelle de mes vœux, la question épineuse de la fonction publique et de son statut. Certains, à l'UMP, souhaitent la suppression du statut de la fonction publique. Compte tenu de la difficulté à mener la moindre réforme dans notre pays, difficulté que j'ai personnellement vécue, je ne crois pas que cette piste d'ultraflexibilité soit réaliste. Je ne suis pas sûre qu'elle soit souhaitable non plus, car elle reviendrait à substituer au statut de fonctionnaire un contrat à durée indéterminée de droit public qui deviendrait rapidement aussi rigide que le statut, ou presque. C'est d'ailleurs ce qui s'est passé dans les collectivités locales.

Les mêmes d'ailleurs qui proposent la suppression du statut s'empressent en général d'ajouter « sauf pour les fonctions régaliennes de l'État, et l'enseignement » ! Or, justement, une chose me frappe dans la fonction publique d'État, c'est que dans le domaine de la Défense nationale, fonction ô combien régalienne, on confie bon nombre de missions à des militaires sous contrats, de cinq ou huit ans, renouvelables ! Ils sont bien formés, bien rémunérés, et disposent d'un système de retour à la vie active très efficace à la fin de leur engagement. Pourquoi ne pas s'en inspirer ? Cet exemple prouve qu'il n'y a aucune fonction de service public qui ne puisse être largement déléguée à des contractuels. Il montre surtout qu'il est tout à fait possible de recruter des personnels de qualité pour une durée déterminée. De les former, et de les accompagner ensuite dans une reconversion professionnelle.

De nombreuses missions de l'État évoluent, et le recrutement à vie de certains agents pour certains postes n'est pas forcément souhaitable. Ou nécessaire. Prenons un exemple tabou : l'enseignement. On sait que pour les nombreuses options qui sont proposées au collège ou au lycée, il existe des « effets de mode ». Et l'Éducation nationale a parfois beaucoup de mal à pourvoir certains emplois, notamment dans les disciplines scientifiques. Ne pourrait-on imaginer que certains enseignants soient recrutés par validation des acquis professionnels sur des contrats de cinq ans renouvelables avec des formations pédagogiques renforcées ?

Ainsi, un ou une ingénieur(e) pourrait avoir l'opportunité de se consacrer quelques années à l'enseignement des mathématiques ou de la physique. Les établissements scolaires auraient plus de souplesse pour compléter leurs équipes éducatives. Et répondre en temps réel à la demande des élèves qui délaissent un jour l'allemand pour se ruer vers le chinois. Cette proposition rejoint celle de l'autonomie des établissements sur laquelle je reviendrai. Dans tous les domaines, il faut plus de liberté, de progressivité, de pragmatisme.

Des contrats de mission de cinq ou huit ans pourraient également se développer dans les agences de l'État qui requièrent plus de souplesse. Ou pour le recrutement de profils atypiques qui nécessitent des salaires plus élevés que ceux de la fonction publique statutaire. Ces recrutements de contractuels ne peuvent se concevoir sans la formation nécessaire, et ils impliquent à l'inverse que les fonctionnaires puissent bénéficier d'une plus grande mobilité dans les autres administrations ou dans le privé.

On pourrait d'ailleurs réfléchir à la possibilité d'un double recrutement : sous statut ou sous contrat. Les personnels pourraient choisir et faire des arbitrages en termes de salaires ou de sécurité de l'emploi. Ainsi certains chercheurs, notamment étrangers, préféreraient peut-être être mieux payés plutôt qu'avoir pendant quelques années de leur vie professionnelle le statut de fonctionnaires français.

Reste une dernière question : les directeurs d'administration centrale. Dans notre système, ils sont a priori considérés comme apolitiques et inamovibles. Or tout ministre prenant ses fonctions se heurte au moins une fois à la résistance passive de l'un ou l'autre de ses directeurs. En général, il peut lire dans leurs yeux – comme dans ceux de certains de ses interlocuteurs syndicaux : « Combien de temps va-t-il rester celui-là ? Que sait-il de la réalité de notre travail et de ses difficultés ? Il commande, j'exécute, certes, mais tout l'art est dans l'exécution... »

En écrivant cela, j'ai bien conscience que je vais choquer ceux qui, comme moi, estiment que nous avons une des meilleures administrations du monde et qui pensent qu'elle est toujours parfaitement loyale au pouvoir en place. Mais, je le répète, il s'agit d'une expérience vécue et cela ne tient d'ailleurs pas nécessairement à des contingences politiques. Simplement, un certain nombre de très hauts dirigeants de l'administration ou des agences de l'État se considèrent comme les vrais patrons de leurs services et se sont affranchis depuis longtemps de la tutelle – il faut dire parfois lointaine – de leur ministre.

Combien de fois ai-je entendu dire que le vrai ministre de la Recherche était le directeur du CNRS ! Et je me souviens d'une colère froide de Nicolas Sarkozy contre le président de l'Agence française pour le développement qui, quelques jours à peine avant un voyage ministériel en Afrique, avait annoncé de son propre chef des projets d'aides de plusieurs millions, sans que personne au gouvernement n'en soit informé. Comment mieux montrer que le vrai pouvoir, c'était lui qui le détenait, pas les politiques ?

Pour mener à bien de grandes réformes, il faut une administration qui exécute les choses rapidement, avec tout l'engagement nécessaire. Sans interférence. Avec des acteurs qui ne cherchent pas à tirer la couverture à eux ou à défendre leur pré carré. Ou même à freiner les choses. C'est pourquoi je crois qu'à la nomination de chaque nouveau gouvernement, tous les postes de direction importants doivent pouvoir être remis « à la disposition » de l'équipe ministérielle qui arrive, sans que celle-ci soit obligée de recourir au mensonge ou à la dissimulation pour les remplacer. Ce système de « dépouilles » à la française devrait évidemment s'accompagner de garde-fous et de sérieuses garanties. On pourrait imaginer que toute nomination soit validée par le Parlement, à l'issue d'une audition publique durant laquelle les hauts fonctionnaires présenteraient leur vision et leur projet. Cela renforcerait la transparence et éviterait bien des nominations médiocres ou de pur copinage.

Car la tentation est grande de servir ses amis. De verrouiller les administrations. De promouvoir ses affidés. « Moi Président de la République, je ne nommerai pas mes amis à des postes clés », avait promis François Hollande, lors de son débat télévisé avec Nicolas Sarkozy. Une fois élu, il a fait le contraire. En virant les recteurs, les préfets et les directeurs marqués à droite, en nommant l'ancien directeur de cabinet de Lionel Jospin, Olivier Schrameck, à la tête du CSA, ses amis de la promotion Voltaire un peu partout et son ex-compagne Ségolène Royal à la Banque publique d'investissement. Cela n'a pas provoqué la moindre protestation dans l'opinion, je veux dire dans les médias ! Ou si peu.

L'état de grâce, sans doute.

9

Pour que le travail paye

Le saviez-vous ? Un salaire français de 2 000 euros correspond à un salaire de 2 500 euros en Allemagne. La différence ? Les cotisations sociales et autres impôts prélevés sur la fiche de paye. C'est une des raisons du pessimisme français : le niveau des salaires. Si l'on excepte les hauts salaires du secteur privé, indexés sur les standards internationaux, et qui du coup font l'objet d'une mise en accusation générale, les salaires des Français sont trop bas.

Le paradoxe c'est que, contrairement à d'autres pays comparables, nous avons un filet de sécurité, un salaire minimum, le Smic. Certains économistes considèrent même – en regardant du côté de nos voisins européens – que, dans certains cas, il est trop élevé et peut constituer un frein à l'embauche, notamment des jeunes peu qualifiés… En revanche, nos salaires moyens sont inférieurs, dans le secteur privé comme dans le secteur public, à ceux de nos voisins européens. La raison de ce décalage ? Le mode de financement de notre modèle social par le biais de cotisations sociales assises très largement sur les salaires.

Pierre Méhaignerie, du temps où il était président de la commission des Affaires sociales à l'Assemblée nationale, m'avait fait remarquer un jour, à juste titre, que les études sur les salaires des enseignants dans les différents pays d'Europe – démontrant que nos professeurs étaient les plus mal payés – ne voulaient pas dire grand-chose dès lors que tout salarié français dispose d'un tiers de revenu supplémentaire, redistribué sous forme d'allocations et d'aides. Il faudrait ajouter aux revenus salariaux, selon ses calculs, la santé gratuite, l'enseignement supérieur pratiquement gratuit, les transports subventionnés, les logements aidés, la culture financée par l'État, pour calculer le véritable pouvoir d'achat d'un ménage.

J'aime bien cette expression : gagner sa vie. Cela veut dire que tous les biens et les services auxquels on a accès, on les a mérités. On les a gagnés à la sueur de son front et on en est fier. En prélevant trop d'argent sur les salaires, on fait perdre au travail son rôle indispensable, celui de l'accès au bien-être. Nous avons, nous dirigeants, de gauche et de droite, faussé le moteur de notre système économique. Cassé le ressort. Pour le dire plus clairement : pas la peine de travailler davantage si l'on ne gagne pas davantage. Et si, en plus, on risque de perdre des avantages sociaux...

Prenons l'exemple de la prime pour l'emploi. Au départ, elle a été créée pour inciter les Français à retravailler, même à temps partiel, en compensant la perte des allocations diverses touchées pendant la période de chômage (il faut additionner toutes les prestations associées : gratuité des transports en commun, tarifs sociaux de cantine, réductions sur l'électricité, etc.). Mais la complexité du dispositif a finalement conduit à en faire un simple complément de revenu.

Son barème est tellement confus qu'un jour, une jeune employée à domicile est venue me voir dans ma permanence parlementaire : elle s'étonnait d'avoir touché cette prime, et croyait à une erreur des services fiscaux. Je lui expliquai le principe. L'année suivante, la même jeune femme, qui avait été augmentée par son employeur, est revenue me voir, perplexe, car elle n'avait pas touché sa prime. Sa réaction a été immédiate : « Mais si j'avais su, j'aurais demandé à mon patron de ne pas m'augmenter et j'aurais fait quelques heures *de la main à la main* ! » C'est si tentant. Voilà où nous conduit un système de protection sociale très généreux : la redistribution finit par prendre le pas sur le travail.

L'hypertrophie de notre système est devenue un sujet central. Compte tenu des dérives, peu à peu, notre fameux modèle social s'est transformé en boulet, et même si ce sujet est peu évoqué dans le débat médiatique bien-pensant, il est omniprésent dans les conversations privées, sur les réseaux sociaux, mais aussi dans chaque réunion publique, dans chaque permanence, dans chaque meeting.

Je m'en suis aperçue lors de ma campagne pour les régionales en Île-de-France, en 2009, dans l'est du Val-d'Oise. Un jour, j'ai été violemment prise à partie par un cadre des services sociaux du département. Son sujet d'indignation ? Les centres de stabilisation pour personnes en grande précarité qui ont été ouverts dans toute la France. Ils ont pour objectif de sortir de l'hébergement d'urgence des personnes en situation d'exclusion, ou des immigrés en attente de régularisation. « Madame Pécresse, m'interpelle-t-il, comment voulez-vous que ces personnes quittent un jour ces centres tout neufs où elles sont logées gratuitement ? C'est injuste pour ceux qui travaillent et sont en situation régulière. » Il ajoutait, plein de colère : « En Île-de-France on ne construit pas assez. Les loyers sont hors de portée des travailleurs pauvres. »

Avec 1 800 milliards de dette, alors qu'on demande aux Français des efforts considérables, pouvons-nous encore tout payer ? D'un côté, ce fonctionnaire territorial indigné face à ces foyers coûteux, qui se transforment en logements durables, faute de solution alternative. De l'autre, les aides-soignantes des hôpitaux de Paris, qui me racontent leur périple quotidien pour venir travailler, depuis l'Oise, l'Eure ou le Loiret où elles sont contraintes d'habiter, faute de pouvoir se loger à des prix abordables en Île-de-France. On touche là à l'essence même du pacte républicain : des Français « qui se lèvent tôt », qui exercent des métiers exigeants et mal payés, ne trouvent pas à se loger alors que notre système de Sécurité sociale offre à des personnes touchées par la grande précarité un logement gratuit. Il y a un problème. Une injustice.

En disant cela, je ne cherche pas à flatter une quelconque fibre populiste. C'est juste la réalité. Il faut l'admettre. Pour que ne se développe pas dans la société française une haine de l'autre, fondée sur la jalousie ou le ressentiment, nous devons faire le diagnostic exact de la situation et prendre en compte la frustration de tous ceux qui ont le sentiment que leur qualité de vie ne cesse de se dégrader, qui constatent tous les jours que le système d'aide sociale – financé par eux – donne lieu à des abus et des gaspillages.

La fraude sociale est un sujet tabou dans le discours politique. À tel point qu'il a fallu cinq ans au gouvernement de Nicolas Sarkozy pour faire voter des sanctions en cas d'utilisation frauduleuse de la carte vitale, ou en cas de fraude aux prestations sociales. Je me souviens des débats homériques quand j'ai donné un avis favorable au nom du gouvernement à certains amendements de députés de la « droite populaire » qui souhaitaient mettre en place un fichier national des allocataires sociaux pour vérifier qu'ils n'émargeaient pas, sans qu'on le sache, à plusieurs guichets dans des départements différents, ou que l'on durcisse le contrôle de la qualité de « parent isolé » en vérifiant notamment l'absence de transferts financiers en provenance d'un tiers.

Être isolé, dans la société d'aujourd'hui, cela ne veut pas dire uniquement vivre seul avec des enfants, mais en supporter seul la charge. On ne peut pas prétendre au statut de parent isolé si l'on est aidé financièrement par le père ! Un jour, une jeune femme est venue en larmes à ma permanence de Vélizy. Le père de son enfant était mort brutalement dans un accident de moto, et elle avait découvert qu'elle ne bénéficiait d'aucun droit : ni l'assurance vie, ni la pension de réversion de son compagnon. Son enfant n'ayant pas été officiellement reconnu, elle avait touché pendant trois ans l'allocation parent isolé, alors qu'ils formaient un couple, une famille. Et les services sociaux, qui avaient découvert la situation à l'occasion de ce décès, lui réclamaient désormais le remboursement des allocations indûment perçues.

La mise en cause de l'assistanat, la dénonciation de ses dérives viennent du fait que nous avons mis en place des systèmes de protection sociale très généreux qui créent des effets de seuils trop marqués. Toutes les familles qui se trouvent un peu au-dessus du seuil de revenu, non seulement ne touchent plus rien mais doivent payer « plein pot » : leur santé, les études de leurs enfants, leur logement. Nous n'avons pas réussi à gommer ces effets de seuils très pénalisants. Ils le sont d'autant plus que la notion de richesse est toute relative et fluctue d'une région à l'autre, en fonction du coût de la vie. Avec 4 000 euros de revenu disponible par mois en Île-de-France, un couple qui travaille avec deux ou trois enfants ne peut évidemment pas être considéré comme riche.

Ce qui est désormais en jeu ? Notre cohésion sociale. Le consentement à l'impôt, qui est le ciment de l'État, est remis en question. D'autant que les hausses fiscales massives sont intervenues au moment où l'on a découvert que le ministre du Budget, donc des impôts, était un fraudeur fiscal. Qu'il avait détenu un compte non déclaré en Suisse puis à Singapour. Bonjour la confiance dans les élites ! Les périodes révolutionnaires, en France, ont bien souvent éclaté quand l'impôt était jugé excessif, et l'argent public détourné.

La question du contrôle des dépenses sociales n'est pas simple. Et le sujet peut se révéler sensible, car les sites Internet d'extrême droite instrumentalisent cette problématique. On l'a vu quand ils ont révélé que des étrangers qui venaient à peine d'arriver sur notre territoire pouvaient bénéficier d'une retraite, alors qu'ils n'avaient jamais cotisé le moindre euro.

Il me paraît essentiel que dans les années qui viennent le différentiel entre ce qu'un Français peut gagner par le fruit de son travail et ce qu'il peut obtenir sans travailler, par le biais des régimes de redistribution, augmente. Durant le quinquennat de Nicolas Sarkozy, nous avons essayé – sans grand succès, il est vrai – de faire en sorte que le travail paye plus que l'assistance, en permettant aux bénéficiaires du RSA, le Revenu de solidarité active, de conserver pendant un certain temps leurs avantages sociaux lorsqu'ils retrouvent un travail. Mais le système mis en place est lourd, bureaucratique, d'une complexité ingérable pour les Caisses d'allocations familiales, totalement surchargées, et il conduit, en cas d'erreurs de déclaration ou de changements brutaux de situation, au versement de ce qu'on appelle des « indus » ou « trop-perçus » que les caisses viennent ensuite réclamer, des semaines plus tard, au risque de déséquilibrer tout le budget de familles qui comptent à l'euro près.

Bref, le RSA est devenu une formidable usine à gaz. Et, comme toujours, certains vont toucher deux fois (le RSA et la prime pour l'emploi versée aux bas salaires), tandis que d'autres, agriculteurs, artisans, auto-entrepreneurs, qui auraient droit à des compléments de rémunération, ne percevront rien car ils ne savent pas et ne demandent pas. Voilà l'un des charmes de notre modèle social tant célébré : il y a tant de guichets que tout le monde s'y perd, sauf ceux qui en font une profession !

Aujourd'hui, il est temps de simplifier complètement le système pour lui rendre sa clarté et son efficacité. En fusionnant le RSA et la prime pour l'emploi. Mais aussi et surtout en redonnant au salaire direct sa force et son importance dans le revenu disponible d'un ménage. Certes, nous avons notre part de responsabilité, nous la droite. Il est vrai que ni Jacques Chirac ni Nicolas Sarkozy, pour des raisons diamétralement opposées, n'ont voulu se saisir de cette question. Jacques Chirac, parce qu'il théorisa en 2002 qu'on ne peut réaliser « qu'une seule grande réforme à la fois », ce qui le conduisit à faire une réforme courageuse de notre système de retraite mais à sacrifier toutes les autres : celle du Bac ou de l'autonomie des universités, mais aussi celle de la santé.

Nicolas Sarkozy, lui, est passé à côté du problème, parce qu'il a confié les tâches les plus emblématiques en matière sociale à des personnalités d'ouverture, Fadela Amara et Martin Hirsch : la Ville et la Solidarité active contre la pauvreté. Ce fut, de mon point de vue, une grande erreur de son quinquennat. Je ne critique pas le principe même de l'ouverture, même s'il ne plaisait pas à droite. Au contraire, je suis convaincue que cette idée de rassemblement était une démarche audacieuse et utile pour fédérer le pays autour d'une politique de réforme.

Mais au-delà du principe, il y a eu le choix des ministères. J'ai eu l'occasion de m'en expliquer avec lui après l'échec des élections régionales de 2010. Je lui ai dit que confier les portefeuilles sociaux à des ministres de gauche dans un gouvernement de droite donnait un très mauvais signal à l'opinion. Cela tendait à démontrer que nous n'avions pas, en notre sein, de personnalités ayant la fibre sociale. Ainsi avons-nous ancré l'idée que les réformes sociales ne pouvaient être conçues et portées que par des hommes et des femmes de gauche, alors même que nous en avions pris l'initiative !

S'entendre dire que nous n'avons rien fait durant le quinquennat en matière de lutte contre la pauvreté alors que l'instauration du RSA, véritable « bouclier social », a coûté des milliards d'euros, c'est un comble. S'entendre dire qu'on n'a rien fait pour les banlieues, alors que l'ANRU, l'Agence nationale de rénovation urbaine, a engagé des milliards d'euros de travaux dans les quartiers, c'en est un autre... Et quand je pense que Martin Hirsch et Fadela Amara n'ont même pas eu l'élégance de vanter leur propre bilan lors des élections présidentielles de 2012 ! Se rendent-ils compte qu'en agissant ainsi, ils se sont discrédités ? La palme de l'autocritique involontaire reviendra sans doute à Martin Hirsch qui a appelé à voter pour François Hollande parce que, disait-il, le RSA, sa propre réforme, était « inachevé » et « encore incomplet ». Quelle fatale erreur que de confier à ces ralliés – qui n'en étaient pas – les actions de solidarité marquantes du quinquennat !

Sur ce sujet, le Président est resté sourd à nos critiques. Il estimait que l'ouverture était bonne en elle-même et ne se rendait pas compte que confier à Éric Besson l'Immigration ou à Bernard Kouchner les Affaires étrangères n'avait pas du tout les mêmes conséquences politiques que de confier le social à des ministres de gauche. Y compris sur la philosophie qu'ils ont inspirée. Ainsi, pendant cinq ans, avons-nous continué à fonder notre politique sociale d'abord sur l'accroissement de la dépense publique.

Nous avons donné, donné et donné encore. Je pense au dixième mois de bourse, revendication constante depuis vingt ans des organisations étudiantes. À l'allocation adulte handicapé qui fut revalorisée de 25 %. Au revenu de solidarité active dont la gauche aurait fait une conquête sociale aussi importante que le RMI si elle l'avait mis en place elle-même. Du plan de cohésion sociale présenté par Jean-Louis Borloo en 2004, au RSA de Martin Hirsch, nous avons redistribué, sans prendre en compte la perception d'un nombre croissant de Français qui avaient le sentiment de payer cher pour ceux qui ne travaillent pas. Et sans pour autant qu'à aucun moment ne soit reconnue notre action en faveur des plus défavorisés.

Le jour où nous reviendrons au pouvoir, on ne pourra pas se contenter de réduire à la marge telle ou telle prestation sociale, voire la supprimer pour les plus aisés. On ne pourra pas se contenter de lutter contre les fraudeurs. Il faudra changer de modèle, de manière à ce que les travailleurs gagnent davantage. Il faudra profondément modifier le mode de financement de nos mécanismes de protection afin qu'ils ne reposent pas uniquement sur le travail. Les cotisations sociales ne devraient financer que les assurances liées à la vie au travail : accident du travail, chômage, retraite. En revanche, la branche famille ou la maladie devraient être financées autrement. Ainsi nous pourrions baisser le coût du travail pour les entreprises, rendre les produits fabriqués en France moins coûteux, redonner de la compétitivité et créer de l'emploi. Mais nous pourrions également augmenter les salaires, en réduisant les charges qui pèsent sur les salariés.

Il faudra en même temps asseoir notre protection sociale sur un impôt qui toucherait la consommation – et les produits importés. Cela peut être la TVA ou une éco-taxe. L'intérêt d'augmenter la TVA – celle, au taux intermédiaire, des téléviseurs, des téléphones portables ou des ordinateurs, pas celle à taux réduit des transports publics, des restaurants ou du logement social –, c'est qu'une partie de la hausse des prix est absorbée par les entreprises qui ne veulent pas perdre de parts de marché et donc préfèrent réduire leurs marges. Et cela fait ainsi contribuer au financement de notre modèle social les pays exportateurs, qui produisent à bas coûts, avec des salariés qui, eux, ne bénéficient pas d'une véritable protection sociale. C'est donc également un moyen de lutter contre ce qu'on appelle le dumping social.

Par ailleurs, l'intérêt des impôts sur la consommation, comme me le faisait remarquer un entrepreneur lors d'un débat à Montpellier, c'est qu'ils sont payés par tous nos concitoyens quelle que soit l'origine de leurs revenus, alors que les charges sociales ne touchent que les revenus déclarés. Ainsi on ferait également contribuer les travailleurs au noir au financement de la protection sociale. Et on cesserait d'inciter au travail dissimulé. Ce serait plus juste.

Pour augmenter les revenus du travail, il faudra également réduire les dépenses sociales. Nous devons instaurer une « règle d'or sociale » comme il existe une « règle d'or budgétaire ». Celle-ci consisterait à affirmer qu'on ne peut distribuer plus de richesses qu'on n'en crée, et que donc la progression des prestations sociales doit être indexée sur la croissance. Lorsque le pays est en situation de stagnation, comme c'est le cas depuis plus d'un an, alors il ne faut pas les augmenter, car le pays n'en a pas les moyens. Pour faire croître les prestations plus vite que la richesse nationale, soit on doit s'endetter, soit on doit augmenter les cotisations au détriment de ceux qui travaillent. C'est un contresens. Nous devons donner la priorité aux revenus du travail sur ceux de l'assistance. Réduire sans cesse les salaires nets et augmenter les prestations sociales : c'est ce qui fait le lit du Front national et de tous les extrêmes.

Rendons enfin aux services publics leur valeur aux yeux de leurs bénéficiaires. Ce qui est totalement gratuit peut être consommé sans compter. Et donc, n'a plus de valeur. On a vu l'effet spectaculaire de la suppression du tiers payant sur la consommation de médicaments génériques. Désormais ceux qui n'acceptent pas qu'on leur délivre des génériques doivent payer immédiatement. Ils ne sont remboursés que beaucoup plus tard. L'effet a été immédiat. Les Français se sont convertis aux génériques. Mettre un ticket modérateur de quelques euros sur toute consultation et de un euro sur les médicaments, pour les bénéficiaires de la couverture maladie universelle[1], ne peut que responsabiliser les consommateurs de soins. Il est nécessaire d'instaurer des franchises pour chaque service public, afin qu'aucun service ne soit complètement gratuit.

Bénéficier d'une des protections sociales les plus généreuses du monde, cela se mérite aussi. Exiger que les étrangers qui arrivent sur notre sol cotisent pendant une durée minimale avant d'avoir droit aux prestations sociales ou à nos différents systèmes d'assurance, et qu'ils acquittent une franchise annuelle lorsqu'ils sont en situation irrégulière pour obtenir l'aide médicale d'État, me paraît également indispensable pour éviter la montée d'un réflexe xénophobe alimenté par des discours populistes.

Quant à la fraude, nous devons la sanctionner par des mesures véritablement dissuasives. Une personne escroquant notre système social ne devrait plus pouvoir en bénéficier pendant au moins un an. C'est la seule façon pour redonner à la loi sa force, et aux Français confiance dans les règles du jeu qu'ils s'appliquent à eux-mêmes.

La seule manière de rendre à notre pays son optimisme et sa foi dans l'avenir, c'est de valoriser les efforts et le mérite. Pour reconstruire notre pays sur des bases solides, il faut partir de la valeur travail. C'est à juste titre que Nicolas Sarkozy avait mis le travail au cœur de son projet. Quelle ironie de l'histoire, d'ailleurs, de voir François Hollande se précipiter sur ses traces aux premières heures de l'aube, visiter le

1. La CMU permet l'accès à l'assurance maladie et le remboursement des soins à toute personne vivant sur le territoire.

grand marché de Rungis, le ventre de Paris, pour y saluer les commerçants et les manutentionnaires, tout en refusant de parler – contre l'évidence – d'une « France qui se lève tôt » !

Pourtant, c'est cela qui est en jeu. Il faut redonner l'envie d'entreprendre. De se lever le matin. Que cela vaille le coup. Il faut mieux rémunérer l'effort, la prise de risque. Cela exige de revoir en profondeur notre « modèle », en réduisant certains revenus de redistribution au profit des revenus du travail. D'autant que, parfois, certaines de ces aides se révèlent contre-productives. Je prends l'exemple de l'aide au logement. Les propriétaires ont intégré dans leurs calculs que les locataires allaient toucher cette aide. Ils augmentent donc les loyers en conséquence.

Lorsque j'étais ministre des Universités, j'ai mis en chantier de nombreux programmes de construction de logements d'étudiants, car je considère que pouvoir se loger est le premier pas dans l'émancipation d'un jeune. J'ai évidemment privilégié la construction de logements neufs plutôt que l'augmentation des aides, qui n'auraient eu qu'une seule conséquence, dans un contexte de totale pénurie : l'augmentation des loyers des studios ! L'objectif n'est pas de subventionner les promoteurs immobiliers ou les propriétaires avec des loyers artificiellement gonflés. Il y a un vrai gaspillage, c'est une erreur économique. Les aides personnelles au logement, c'est 16 milliards d'euros, 3 % des prestations sociales. On compte 6 millions d'allocataires. Résultat ? Pas assez de logements, des loyers élevés, un nombre croissant de mal-logés... A-t-on été efficace ? En Allemagne, les aides au logement sont très inférieures – moins du quart – mais les prix sont très inférieurs. Qui a raison ?

Il me paraît donc bien préférable de redonner du pouvoir d'achat aux Français qui travaillent, que de les rendre totalement dépendants de l'État. Finalement, on aura réussi à combattre le sentiment du déclin quand tous ceux qui entreprennent, qui travaillent, qui prennent des initiatives auront le sentiment que leur sort peut s'améliorer. Que le système de redistribution ne va pas avaler une part trop significative de leurs efforts, que d'autres ne profitent pas du système à leurs dépens, quand eux triment dur.

Car dans la situation actuelle, les Français risquent le découragement. Ou pire, la colère.

10

Et les 35 heures ?

Chaque fois que nous évoquons, à droite, la nécessité d'en finir avec les 35 heures, nous sommes submergés de critiques. Voire de sarcasmes ! Pourquoi, durant ces dix années où nous avons été au pouvoir, ne nous sommes-nous pas véritablement attaqués à cette spécificité française ? Avons-nous cédé aux grandes entreprises qui y trouvent leur compte, en bénéficiant d'importantes baisses de charges et en réalisant d'importants gains de productivité, grâce à la flexibilité ? Avons-nous tout simplement manqué de courage ?

Aujourd'hui, « la fin des 35 heures » résonne comme un slogan, une sorte de mantra, un cri de ralliement, mais cette promesse, si souvent gâchée, n'est plus crédible. Or dans le droit-fil de ma réflexion sur la nécessité de mettre le travail au cœur de notre projet et d'augmenter les salaires directs, je suis convaincue qu'il faut les remettre en cause. Il ne faut pas renoncer. D'ailleurs, cela a failli se faire. Failli seulement, hélas.

Nous sommes à l'automne 2011. Réunion de crise à l'Élysée pour faire face à une nouvelle dégradation de la situation économique. Nous avons déjà traversé un été très difficile. En plein mois d'août, Nicolas Sarkozy nous avait convoqués, le Premier ministre, François Fillon, le ministre des Affaires étrangères, Alain Juppé, le ministre des Finances, François Baroin, le gouverneur de la Banque de France, Christian Noyer, et moi-même. La crise de la zone euro avait gagné les marchés financiers, les prévisions de croissance pour 2011 avaient été révisées à la baisse, il fallait donc corriger le budget et trouver 7 milliards d'euros pour tenir nos engagements de réduction de déficits.

J'avais, en tant que ministre du Budget, hérité de la responsabilité de trouver ces 7 milliards, pour que François Fillon puisse proposer un plan de redressement en cohérence avec notre trajectoire de réduction des déficits.

Alors que la France vivait au rythme des sacro-saintes vacances du mois d'août, j'avais recensé toutes les mesures possibles. De ma Corrèze, j'étais en permanence sous perfusion d'e-mails avec Bercy, et quotidiennement en lien avec Xavier Musca, le secrétaire général de l'Élysée. Compte tenu de l'urgence, j'étais arrivée à un compromis : un milliard d'économies sur les dépenses, 6 milliards de nouvelles recettes fiscales. Un compromis dicté par l'urgence.

Une fois ma copie rédigée, j'avais pris ma voiture et roulé jusqu'en Creuse, à deux heures de là, le lieu de villégiatu de François Baroin. Nous avions confronté nos copies respectives pendant tout un après-midi, après avoir dégusté une omelette aux cèpes des sous-bois. Nous étions globalement sur la même longueur d'onde : il nous semblait nécessaire de répartir l'effort fiscal de la manière la plus juste possible. Aussi avions-nous proposé, de concert, une taxe exceptionnelle sur les plus hauts revenus. Cela avait également l'avantage de ne pas « casser la croissance », en étouffant la consommation des ménages et l'investissement des entreprises.

Mais ce premier plan n'a pas suffi. D'où cette réunion de crise, début octobre. La croissance fléchit à nouveau. Le chômage augmente malgré la création de plusieurs centaines de milliers de contrats aidés, annoncés dans le cadre d'un plan d'urgence pour l'emploi. Mais, on le sait, les contrats aidés ne sont qu'un antidouleur, ils ne peuvent guérir une économie qui souffre. Or nous sommes confrontés à une vraie exigence : tenir à tout prix les engagements pris par l'État français. La confiance des investisseurs, notre « triple A », les anticipations des entreprises sur l'avenir, la stabilité de la zone euro dépendent de la capacité de la France à réduire ses déficits au rythme exact où nous l'avons annoncé.

Pour ne pas casser la croissance, ni faire exploser le chômage, nous avons choisi la méthode douce : faire baisser les déficits très progressivement, de 8,8 % en 2009 à 7,2 % en 2010... Notre objectif de 5,6 % en 2011 et 4,5 % en 2012 doit absolument être tenu. Nicolas Sarkozy et François Fillon ne veulent donner aucun signe de dérive budgétaire dans cette deuxième partie du quinquennat. Nous devons inverser la courbe de la dette dès 2014 et pour cela engager résolument le redressement avant l'échéance présidentielle de 2012.

Je réunis donc un certain nombre d'économistes réputés à ma table à Bercy. Leur verdict est unanime : la France a besoin d'un plan d'urgence pour améliorer la compétitivité du pays. Nous avons pris, dès le début du quinquennat, nombre de décisions en ce sens : triplement du crédit impôt recherche, réforme de l'impôt « imbécile » qu'était la taxe professionnelle pour qu'elle ne pèse plus sur les décisions d'investissements, défiscalisation des heures supplémentaires pour inciter les Français à travailler au-delà de 35 heures et les entreprises à créer des heures supplémentaires. Mais en 2011, nous devons aller plus loin. La comparaison avec l'Allemagne est cuisante. Il y a dix ans, nos exportations augmentaient au même rythme. Aujourd'hui, notre voisin d'outre-Rhin affiche un excédent commercial de plus de 160 milliards d'euros, en constante progression, quand notre déficit du commerce extérieur atteint 40 milliards d'euros. Nos produits ne sont plus assez compétitifs : ils coûtent désormais trop cher et ne font pas la différence en matière de qualité et d'innovation.

Que faire de plus ? Il faut baisser le coût des produits français sans dégrader nos comptes publics. Impossible donc de procéder comme par le passé à de nouvelles aides aux entreprises, ou de nouvelles défiscalisations sans contreparties. Plusieurs pistes se dégagent. La première consiste à mettre fin progressivement aux 35 heures. Les Français travailleraient une heure de plus chaque année pendant quatre ans pour le même salaire : 36 heures en 2012, 37 en 2013... jusqu'à 39 en 2015. La durée légale du travail serait progressivement remontée, y compris dans la fonction publique.

La deuxième piste consiste à instaurer dans toutes les entreprises la possibilité d'accords « compétitivité emploi » pour permettre aux salariés et aux employeurs de fixer les règles d'organisation du travail correspondant à la situation réelle de l'entreprise. Dans celles qui sont confrontées à des situations de marché très tendues, ils pourraient accepter de travailler moins, ou plus que la durée légale, en contrepartie de garanties données sur les salaires, la formation et le maintien de l'emploi.

La troisième piste est celle de la TVA sociale, rebaptisée « TVA compétitivité » ou « TVA antidélocalisation ». Les charges sociales, qui sont trop élevées, ont un impact défavorable sur le coût des produits français, tandis que les produits importés de pays à Sécurité sociale minimale sont, eux, vendus à des prix artificiellement bas, du fait de cette absence de charges. Pour rééquilibrer la balance, la proposition consiste à en transférer une partie sur la TVA à taux normal (19,6 %).

Quelle piste suivre ? Les trois en même temps ? Cela supposerait d'expliquer aux Français, à six mois de l'élection présidentielle, qu'ils doivent à la fois travailler plus, payer plus de TVA et accepter de remettre en cause leurs « acquis sociaux » ! Impossible. Nous reconnaissons, dès cette réunion d'octobre à l'Élysée, que nous allons devoir choisir parmi ces trois mesures.

Les accords compétitivité sont d'emblée plébiscités. Mais ils posent un problème majeur. Ils nécessitent un accord préalable des partenaires sociaux. Or nous savons que la CGT, FO, mais surtout – et c'est beaucoup plus grave pour nous – la CFDT refuseront d'entrer dans une démarche constructive sur ces sujets à six mois d'une alternance politique qu'ils appellent tous de leurs vœux. Une réunion avec eux – le sommet de crise pour l'emploi –, organisée le 18 janvier 2012, dans cette dernière ligne droite préprésidentielle, se solde par un échec cuisant. Je me souviens de François Chérèque réclamant « plus de temps » pour dialoguer et de Nicolas Sarkozy lui répondant sèchement : « Vous voulez plus de temps ? Combien de temps ? Vous êtes d'accord qu'il y a une crise dans le pays ? » Les jeux étaient déjà faits.

Il faudra ainsi attendre l'arrivée de François Hollande pour que les syndicats, soudain devenus beaucoup plus réalistes, acceptent de s'engager sur cette voie avec le fameux Accord national interprofessionnel, dit ANI.

Reste le choix entre la fin des 35 heures et la TVA antidélocalisation. Et là, les avis divergent. J'ai toujours défendu l'idée d'une telle réforme, et ce malgré le désastreux épisode du deuxième tour des législatives qui nous a coûté l'élection de quarante députés. Mais là, à l'automne 2011, je n'y suis pas favorable. Je redoute que la présidentielle ne se focalise sur le sujet et ne se transforme en un référendum antihausse de TVA. En outre, le mécanisme de la baisse des charges patronales en contrepartie est trop complexe pour être compris immédiatement. J'anticipe ce qui va d'ailleurs se produire : une partie des Français, trompés par le discours de l'opposition, ne verront que la hausse d'impôt, sans percevoir l'intérêt pour eux d'une baisse de charges, qui profiterait aux entreprises et donc à l'emploi.

J'étais en revanche favorable à ce que nous tenions un discours de vérité sur les 35 heures. Mon expérience de ministre de l'Enseignement supérieur m'a emmenée dans toutes les universités du monde, en Asie, en Amérique du Nord comme du Sud. Et partout j'ai été impressionnée par l'énergie incroyable qui s'en dégage. Surtout dans les pays dits émergents. « Osez. Réussissez. Enrichissez-vous » semble être le message subliminal envoyé à tous les jeunes diplômés des pays du Sud, prêts à émigrer, à entreprendre, à tout tenter pour réussir. Et ce qui m'a beaucoup frappée, c'est le climat d'optimisme de ces pays, malgré l'ampleur des inégalités et les conditions de vie des plus démunis. Même dans les bidonvilles de Calcutta, dans lesquels j'ai accompagné des associations d'étudiants, on vit au rythme du microcrédit et de la création d'entreprises.

J'aimerais que la France retrouve ce goût de la réussite, au lieu de compter ses RTT et ses jours de congés, quand ce n'est pas ses « journées de congé maladie ». C'est avant tout une question d'état d'esprit.

Mais cette question est aussi économique. Les 35 heures continuent d'avoir un coût très important que nous ne sommes plus en mesure de financer aujourd'hui. Ce n'est pas un hasard si aucun autre grand pays industrialisé ne s'est aventuré à nous suivre sur le terrain de la diminution du temps de travail : nul ne possède la productivité nécessaire. N'oublions pas que les 35 heures s'appliquent également dans le secteur public, et ont donc un impact important sur la productivité et le coût des services publics ou des services sociaux.

Lors de la campagne présidentielle de 2007, Nicolas Sarkozy et François Fillon ont évoqué le sujet. Mais ils ont décidé de « contourner » le problème en permettant aux Français de travailler davantage grâce à la défiscalisation des heures supplémentaires. La situation économique de l'époque le permettait : un chômage à 7 % et des déficits budgétaires à peu près maîtrisés. « Travailler plus pour gagner plus » est devenu notre cri de ralliement. Et d'ailleurs, grâce à cet encouragement, fin 2011, les Français travaillaient en moyenne 39 heures.

Mais ce temps est fini. Il faut reconnaître que la défiscalisation avait un coût important. De toute manière, la gauche a supprimé cette mesure phare du sarkozysme. Accrochée à son idéologie du « partage du travail », elle estime que les heures supplémentaires payées à quelques-uns privent les autres d'un emploi. C'est du malthusianisme. Une vue à court terme. Il faudra donc revenir sur cette question qui n'a pas été réglée.

Pourtant, en dépit de ce choix initial en faveur des « heures sup », en novembre 2011, nous sommes passés tout près de la fin des 35 heures. Nicolas Sarkozy a entendu nos arguments, mais il a finalement tranché en faveur de la TVA antidélocalisation. Les débats autour de la table du Salon vert, au premier étage de l'Élysée, ont été vifs. Les réunions se sont succédé, avant qu'une décision ne soit prise.

Parmi les défenseurs d'un discours de vérité sur les 35 heures, François Fillon et moi-même. En revanche, Xavier Bertrand était contre. Favorable aux contrats compétitivité/emploi, il jugeait que l'on ne pouvait pas trop charger la barque vis-à-vis des partenaires sociaux. Quant à Henri Guaino, il était franchement contre. Il lui importait avant tout de défendre la cohérence de l'action du président de la République au long du quinquennat. Selon lui, un discours de dénonciation des 35 heures serait compris comme une exigence de « travailler plus pour gagner moins » ; ce serait donc renier les promesses faites aux salariés lors de la campagne de 2007. L'argument ne manquait pas de poids. Il emportera la conviction de la majorité des présents, et celle du président de la République.

Les 35 heures sont donc pour la droite un boulet économique et un remords. Dans chaque réunion publique de l'UMP, quel que soit le département concerné, de l'Ariège à la Haute-Saône, nous sommes interpellés par nos électeurs qui nous font le reproche de n'avoir pas eu le courage de les supprimer.

Mais, et je vais peut-être vous surprendre en écrivant cela, je pense qu'aujourd'hui nous sommes dans une situation économique tellement complexe que le sujet n'est plus l'abrogation des 35 heures pour revenir à 39 heures. Ce serait remplacer une mesure rigide et obsolète par une autre mesure inadaptée et tout aussi rigide. Le sujet, désormais, c'est d'offrir aux entreprises le maximum de souplesse pour qu'elles puissent adapter leur organisation et leur fonctionnement aux contraintes de leur marché.

Pour le dire clairement, désormais certaines entreprises ont besoin de faire travailler leurs salariés moins de 35 heures, d'autres 35 heures, et d'autres plus de 35 heures. Le temps de travail doit devenir une composante des accords d'entreprise. Nous devons aller jusqu'au bout de la logique des accords « compétitivité/emploi » et appeler à un dialogue social enrichi et responsable. Le cas de Renault, que je connais bien, étant élue du premier département automobile de France, est emblématique. L'État actionnaire, par la voix du souvent matamore Arnaud Montebourg, a d'ailleurs soutenu des accords de compétitivité modifiant considérablement l'organisation de l'entreprise en échange du maintien des usines en France. Il est fini le temps où tout le monde travaillait le même nombre d'heures, les mêmes jours ouvrables...

Quoi de commun entre une usine qui doit tourner vingt-quatre heures sur vingt-quatre pour amortir des équipements extrêmement coûteux, tout en dépendant de la conjoncture mondiale, et une librairie de quartier ? Et que dire de ces PME débordées en certaines périodes de l'année et sans contrats à d'autres ? Allons plus loin : certains salariés peuvent avoir envie de travailler plus à certaines périodes de leur vie, ou de l'année, et moins à d'autres. Ces évolutions économiques et sociales nous appellent à assouplir, adapter, tout en maintenant, bien sûr, des garde-fous et des droits pour les salariés. L'avenir, il faut le concevoir différemment, avec davantage de sur-mesure.

En revanche, ce qui me paraît indispensable pour sortir de la crise économique et rendre sa compétitivité à la France, c'est de repasser progressivement les agents des services publics et des administrations de sécurité sociale à 39 heures. Malheureusement, l'état de nos finances publiques ne nous laisse pas le choix. *There Is No Alternative*, ai-je envie de dire ! Nous devons réduire notre dépense publique. C'est la condition sine qua non pour envisager, un jour, une baisse de la pression fiscale, qui asphyxie tous les acteurs économiques : les ménages qui ne consomment plus, les entreprises qui n'investissent plus et ne créent plus d'emplois.

Ce retour aux 39 heures devra s'accompagner de la restitution d'une partie des gains de productivité en salaires directs pour les agents concernés. Cela permettrait de faire à terme entre 5 % et 10 % d'économies sur la masse salariale de l'État, des collectivités locales et des organismes de Sécurité sociale, en réduisant le nombre de leurs agents. Un gain énorme pour investir de nouveau dans l'avenir : les hôpitaux, les infrastructures, la recherche...

Un grand scientifique m'a un jour prise de court. Je lui expliquais que le gouvernement Hollande n'avait plus les moyens financiers d'investir dans l'avenir, et donc dans des projets ambitieux de nouvelles infrastructures ou de recherche, tant ses dépenses courantes de fonctionnement étaient élevées et ne lui laissaient aucune marge de manœuvre. Et je déplorais au passage que la réduction du nombre de fonctionnaires soit un tabou.

Le chercheur m'a alors dit avoir beaucoup réfléchi à cette question et ne pas être convaincu par le discours de la droite sur le sujet. Selon lui, tous les fonctionnaires que l'État ne recruterait pas iraient pointer à Pôle Emploi et devraient donc être indemnisés par l'assurance chômage. Ainsi l'État redonnerait d'une main les économies faites de l'autre.

Ce raisonnement, apparemment plein de bon sens, m'a laissée sans voix. Il montre à quel point les logiques économiques sont étrangères aux Français. Car le maillon manquant dans le raisonnement, c'est évidemment que si l'État diminue le nombre de fonctionnaires, il dépense moins, donc il peut baisser les impôts des entreprises et des ménages, et ainsi redynamiser la consommation et la création d'emplois dans le secteur privé.

Dans cette hypothèse, les aspirants fonctionnaires ont vocation non pas à devenir chômeurs mais à rentrer... dans une entreprise. Je lui expose mes arguments, mais, dubitatif, il me répond : les entreprises prendront les baisses d'impôts pour augmenter leurs marges et leurs profits, pas pour créer de l'emploi !

Je me heurte ainsi de plein fouet à la méfiance atavique des Français vis-à-vis de l'entreprise, toujours soupçonnée d'avoir pour seul but de faire des profits. Que répondre à cela ? Je n'ai cependant pas renoncé à le convaincre en lui expliquant que si son raisonnement était exact, alors il fallait le pousser jusqu'au bout : l'État devait donc recruter dans la fonction publique l'ensemble des chômeurs car cela ne coûterait pas plus cher aux finances publiques. Mais qui allait créer la richesse pour rémunérer ces fonctionnaires ? En France, on biberonne de la politique au berceau, mais sur les questions économiques, il reste du chemin à parcourir.

Nous devons faire cette révolution. Oui, depuis 2002, nous aurions dû le faire dix fois. Nous avons manqué de courage et d'audace. En tout cas, aujourd'hui, la France ne peut plus attendre.

11

Relocaliser, oui c'est possible

Champagnole, dans le Jura, le 27 février 2012. Je participe à une table ronde avec les parlementaires du département, Marie-Christine Dalloz et Jean-Marie Sermier, pour parler des réformes en cours (crédit impôt recherche, TVA antidélocalisation, taxe professionnelle, Grenelle de l'environnement, etc.). Les Français n'imaginent pas le temps passé par les ministres sur le terrain, pour convaincre, expliquer, mobiliser. Mais aussi écouter. Après une dégustation de comté, le directeur du fabricant de jouets en bois Smoby nous explique comment il a décidé de relocaliser dans le Jura une partie de sa production jusqu'alors réalisée en Chine.

Smoby a valeur de symbole, car, en 2007, la société a frôlé le dépôt de bilan. Le plan social avait été dévastateur dans cette région où l'on entrait dans l'entreprise de père en fils. « Aujourd'hui, la main-d'œuvre chinoise réclame des hausses de salaires, et le mouvement ne fait que commencer, nous explique Thomas Le Paul. Cela renchérit les coûts de production. D'autant plus que les subventions gouvernementales tendent à diminuer. Cela devient beaucoup moins avantageux. » En prenant soin d'ajouter : « Et puis, c'est vraiment intéressant de capitaliser sur l'image de marque du *made in France* en matière de jouets. »

Une belle histoire d'entreprise ressuscitée. Aujourd'hui, Smoby Toys réalise un chiffre d'affaires de 120 millions d'euros, emploie 450 personnes en France et exporte 40 % de sa production. Mais c'est aussi une région qui est ressuscitée et a retrouvé sa fierté. Ainsi, j'ai appris que, l'an dernier, la société avait permis au musée d'Ornans, installé dans la maison natale de Gustave Courbet, dans le Doubs, de boucler le rachat d'un tableau de l'artiste, *Le Chêne de Flagey*, en versant un million d'euros, devenant ainsi le principal mécène privé de cette opération. Cette réussite fait souffler un vent d'espoir dans une région où les jeunes n'avaient souvent pour seul avenir que de traverser la frontière suisse.

Cela n'empêche pas le directeur de beaucoup attendre du gouvernement. Les revendications sont toujours les mêmes : baisse des charges sociales mais aussi réduction des normes, simplification des démarches administratives, assouplissement du droit du travail. Non pas pour gagner encore plus, mais pour développer, investir, exporter, maintenir l'avance concurrentielle, sans s'épuiser en paperasserie et tracasseries juridico-administratives.

Quelques semaines plus tôt, début janvier 2012, je m'étais rendue avec Nicolas Sarkozy à Pont-Évêque, en Isère. Nous avions visité l'usine Seb, qui fabrique notamment le fer à repasser Calor sans fil et une nouvelle friteuse sans huile, ou presque. Le président-candidat s'était montré, comme à son habitude, particulièrement à son aise avec les ingénieurs et les ouvriers. Vantant le crédit impôt recherche, réaffirmant qu'il est plus avantageux de fabriquer en France les produits de qualité. Combien de fois l'ai-je vu vanter nos usines ! L'usine spatiale de Safran à Vernon, l'usine aéronautique d'Eurocopter à Marignane, celles de Renault à Sandouville ou de Peugeot à Vesoul...

Pour lui, l'industrie est essentielle à notre économie : elle est source d'emplois à tous les niveaux. Sans industrie, pas de prospérité. Les services ne peuvent suffire à créer suffisamment d'emplois. À plusieurs reprises, j'ai entendu Nicolas Sarkozy qualifier de « pure folie » l'idée formulée un jour par Serge Tchuruk, alors patron d'Alcatel : « l'entreprise sans usines ». Alors, s'il y a un mauvais procès à lui faire, c'est celui d'être resté les bras croisés face à la désindustrialisation de la France. Pendant cinq ans, il n'a eu de cesse de bousculer le défaitisme ambiant, de prendre des mesures pour doper la compétitivité.

Il n'a pas arrêté de répéter – et je partage pleinement ce constat – que pour gagner la bataille de l'industrie, il fallait améliorer la qualité de nos produits. Cela exige une montée en gamme, comme on dit. Donc de l'investissement et de l'innovation. J'ai constaté que Jean-Marc Ayrault avait commencé à s'emparer de ce sujet, appelant de ses vœux des « produits haut de gamme ». Je ne peux que me féliciter de cette prise de conscience, mais pourquoi ce sujet ne figurait-il pas parmi les priorités du candidat socialiste ? Et cela appelle des mesures autrement plus audacieuses, et plus efficaces, que le Cice, le Crédit d'impôt compétitivité des entreprises, si compliqué – et coûteux – à mettre en œuvre que les PME le boudent.

Aujourd'hui, les standards changent tellement vite qu'une découverte peut ouvrir à une entreprise un marché mondial et renverser toutes les situations acquises. Rien n'est perdu. À condition, tout de même, de mettre toutes les chances de notre côté. C'est pour cette raison que nous avons supprimé la part de la taxe professionnelle qui était assise sur les investissements (en clair, plus on investissait dans de nouveaux équipements, plus on payait de taxes). Cet « impôt imbécile », comme le qualifiait déjà François Mitterrand, était encore en place en 2007 !

Mais sa suppression nous a conduits à créer, pour compenser le manque à gagner fiscal, une véritable machinerie administrative. Avec des transferts de taxe, des compensations, des dotations... Et cela a surtout conduit à modifier le rendement des impôts locaux pour les communes, les départements, les régions. Comme d'habitude, ceux qui y ont gagné n'ont rien dit, et les perdants ont hurlé ! C'est hélas le propre de toute réforme.

Pour favoriser les efforts d'innovation, nous avons également triplé le crédit impôt recherche. Notre but était de faire de la France un lieu plus attractif pour les investissements privés de recherche. Là encore, cela a été un combat avec l'administration. Bercy souhaitait évidemment que la réforme du crédit impôt recherche soit le moins coûteuse possible. Ses services proposèrent une réforme a minima. Nicolas Sarkozy a dû peser de tout son poids pour tripler le crédit d'impôt. Il voulait frapper un grand coup. Une audace qui a porté ses fruits. Autant notre générosité fut excessive s'agissant des intérêts d'emprunts immobiliers, autant le crédit d'impôt recherche se révéla un « coup de maître ». La gauche s'y est évidemment opposée, poussant des cris d'orfraie : selon elle, ces milliards allaient être gaspillés. Mais, au pouvoir, elle maintient le dispositif.

Ce qu'on a appelé les investissements d'avenir financés par un grand emprunt visait le même objectif. Alors, qu'on ne dise pas que Nicolas Sarkozy n'a pas pris la mesure des choses ou n'a pas tenté d'œuvrer au redressement de notre industrie. Toutes ces réformes, je n'en doute pas, se traduiront par de la croissance et des emplois à long terme, si la politique menée par l'actuel gouvernement ne décourage pas les entrepreneurs.

Pour réindustrialiser la France, il faut se battre sur plusieurs fronts à la fois, créer les conditions et le terrain propices à la création, à l'innovation. Cela exige de mener une politique économique fondée à la fois sur la compétitivité, l'attractivité et la réciprocité.

La compétitivité ? C'est faire en sorte que les produits français soient meilleurs et moins chers que ceux de nos concurrents. C'est aussi simple que cela. La compétitivité-prix est liée au coût du produit. C'est une lapalissade. Pour l'améliorer, nous avions choisi de mettre en place – bien tardivement, je l'ai dit – la TVA antidélocalisation, afin de diminuer les charges sociales sur les salaires. Malheureusement, le gouvernement Ayrault l'a abrogée. Mais pour, tout de suite après, mettre en place, sous la pression de Louis Gallois, un crédit d'impôt compétitivité ! L'objectif est identique, mais les modalités d'application sont infiniment plus complexes qu'une simple réduction des charges. Et j'ai quelques inquiétudes sur la viabilité de ce crédit d'impôt. En effet, il doit être financé pour partie par des hausses d'impôts qui n'ont pas encore été votées (3 milliards d'euros de fiscalité écologique) et par 10 milliards d'euros d'économies sur les dépenses que même Bruxelles estime purement virtuelles ! Pourtant, la pérennité de ce crédit d'impôt est absolument indispensable. À défaut d'une baisse de charges pure et simple, plus efficace à mes yeux.

L'assouplissement de l'organisation du travail et la possibilité de conclure des accords d'entreprise qui permettent de trouver le meilleur équilibre entre le temps de travail, le salaire, et l'emploi en fonction de la situation de chaque établissement, sont également une réforme indispensable. Je ne suis pas certaine que l'accord que le gouvernement a fait adopter au Parlement, l'Ani (Accord national interprofessionnel), donne toute latitude aux partenaires sociaux pour négocier. Ni qu'il soit suffisant au regard des rigidités du droit du travail. Mais c'est un pas dans la bonne direction, pourquoi ne pas le reconnaître ?

En matière de compétitivité, le bon mètre étalon, c'est le coût de production allemand, à la fois notre principal partenaire et notre principal concurrent à l'export. Le patron d'un très grand groupe industriel français m'expliquait, il y a quelque temps, que l'Association des entreprises France/Allemagne était reçue très régulièrement par Angela Merkel et qu'en cinq ans, ils n'avaient vu Nicolas Sarkozy que le jour d'un Conseil des ministres franco-allemand à Fribourg ! Dont acte. Pourtant, restaurer notre compétitivité avec l'Allemagne a été l'une de nos priorités. Je pense à l'idée d'instaurer une fiscalité sur les sociétés identique en France et en Allemagne. Ce serait un symbole fort. Aujourd'hui, notre taux d'impôt sur les sociétés est plus élevé mais notre assiette moins large. D'une manière générale, la fiscalité sur les entreprises allemandes est, à cause de nos charges sociales, inférieure.

Au-delà de ces réformes de compétitivité-prix, il y a aussi la question de ce qu'on appelle la compétitivité hors prix. Il s'agit de la qualité du produit, de son intérêt, sa nouveauté, sa fiabilité. Bref, tout ce qui donne envie de l'acheter. Cela passe avant tout par l'innovation. De ce point de vue, il me semble qu'on a fait le boulot ! Et toutes les réformes du quinquennat Sarkozy, si elles se poursuivent sur la durée, devraient porter leurs fruits. Il ne faut donc remettre en cause ni le crédit impôt recherche, ni les pôles de compétitivité, ni les instituts de recherche technologiques, ni les laboratoires d'excellence. Car toutes ces réformes mettent du temps à produire des effets.

Reste un souci, souvent évoqué par les chefs d'entreprise : les normes, la paperasserie, les procédures, les délais, bref toutes les misères qui leur sont faites par l'administration ! C'est un sujet auquel les Anglo-Saxons, les Allemands mais aussi les Suédois ont commencé à s'attaquer il y a une vingtaine d'années, considérant que le temps passé à remplir des formulaires pouvait être assimilé à une forme d'impôt. Et la France a beaucoup de retard. Aussi, quand François Hollande appelle de ses vœux un « choc de simplification » pour les entreprises, je dis : chiche !

De ce point de vue, nous n'avons pas été à la hauteur des espérances. Mais j'attends de voir. Le gouvernement est empêtré dans une alliance compliquée avec les Verts – déjà trois ministres de l'Écologie en un an ! – et, sur un certain nombre de normes, dont toutes celles qui touchent à l'environnement, pas sûr qu'il trouve un terrain d'entente. Et puis les barons locaux du PS, maires, présidents de conseil généraux et régionaux, ne semblent pas prêts à abandonner la moindre parcelle de pouvoir, ce qui n'augure pas d'une grande vague de simplification administrative.

Demeure la question cruciale de l'attractivité de la France pour les entrepreneurs français comme étrangers. Encore une fois, on ne peut pas évoluer seuls dans notre coin. Il faut croiser les financements, les expériences, les savoirs. Il est donc primordial d'attirer les investisseurs, qui peuvent du jour au lendemain choisir la Californie, l'Irlande, le Canada. Nous avons certes beaucoup d'atouts : nos services publics, nos infrastructures, l'énergie, pour le moment pas chère, notre culture, nos paysages… Mais cela ne suffit pas. Il faut aussi qu'ils puissent compter sur un bon retour sur investissements.

De ce point de vue, il est heureux que le gouvernement ait fait marche arrière sur la fiscalisation de la plus-value des entrepreneurs, car le mouvement des « pigeons » portait dramatiquement atteinte à l'image de la France. Et les jeunes créateurs d'entreprise que j'ai rencontrés depuis, qu'ils soient dans le numérique, dans l'aéronautique ou dans le secteur médical, s'inquiétaient tous de cette hyperfiscalisation. Quand on crée, qu'on se consacre à un projet, si on réussit, après avoir pris des risques et surmonté bien des difficultés, on espère, à tout le moins, un bénéfice financier au moment de la vente de l'entreprise. Ne serait-ce que pour se lancer dans un autre projet.

La taxation à 75 % des revenus supérieurs à 1 million d'euros était également une idée totalement contre-productive. À ce niveau de salaire, il s'agit de cadres dirigeants payés selon des standards internationaux, qui peuvent toucher leurs salaires et leurs primes où bon leur semble dans le monde. Pire, dès lors que leur entreprise risque d'être lourdement pénalisée, elle peut être tentée de déplacer ses centres de décision. Les grands groupes internationaux et les comités exécutifs se réunissant alors hors de France, le gouvernement aura de moins en moins d'influence sur la teneur des décisions qu'ils prendront ! Et le patriotisme d'une grande entreprise commence bien souvent par l'attachement de ses dirigeants à la France. Ne les décourageons pas.

Enfin, on n'en parle pas suffisamment, et surtout cela tarde à se faire, pour favoriser la relocalisation des entreprises il faut instaurer en Europe une règle préférentielle : un *Buy European Act.* Comme aux États-Unis. Les acteurs publics de l'Union européenne s'engageraient à confier leurs marchés publics à des entreprises fabriquant leurs produits en Europe. Si une entreprise française doit produire majoritairement au Brésil – et donc employer des Brésiliens – pour accéder au marché local, il devrait en être de même en Europe.

Défendre l'industrie, cela ne consiste pas seulement à aller au chevet d'entreprises en difficulté, à rudoyer les patrons en les qualifiant de voyous, comme aime tant le faire Arnaud Montebourg. Cela consiste à préparer un terrain favorable, accueillant, un environnement stable et rassurant pour que les usines s'implantent, poussent, se développent. Cela demande de la ténacité et du bon sens. Il faut mettre de l'engrais, sarcler, bêcher, semer, planter, sélectionner, élaguer… Comme un jardinier.

12

Trop de précaution tue le progrès

25 août 2010. Ministre des Universités et de la Recherche, je suis venue à Colmar, au centre de l'Institut national de la recherche agronomique, accompagnée de Bruno Le Maire, ministre de l'Agriculture, pour réaffirmer notre soutien aux chercheurs après le saccage, dix jours plus tôt, par une soixantaine de « faucheurs volontaires », de soixante-dix plants de vigne transgéniques. Jean Masson, le président du centre, a été tellement affecté par la violence de cet acte qu'il en a fait un accident cardiaque. C'est près de deux ans de recherche qui ont été réduits à néant, et le découragement des chercheurs est perceptible.

Pourtant, cette expérimentation destinée à recueillir des données précises sur le court-noué, un virus qui frappe les vignobles dans le monde entier et rend les terres infectées impropres à l'agriculture, s'était déroulée de manière exemplaire. Pendant près de dix-huit mois avant le lancement des recherches, une concertation avait été organisée avec les populations locales et les associations, afin de déterminer les mesures de protection nécessaires pour rendre acceptable cette expérimentation.

Des mesures de précaution drastiques avaient été prises : installation de clôtures en barbelé, usage de vignes inconnues en Alsace, délimitation d'un espace de cent cinquante mètres pour éviter toute dissémination avec d'autres cultures. Les porte-greffes génétiquement modifiés ne produisaient pas de fleurs et les inflorescences du greffon non génétiquement modifiées étaient éliminées avant la floraison. Enfin, une bâche avait été installée dans le sol pour empêcher les vers porteurs du virus d'évoluer hors de la parcelle expérimentale. L'accord de tous avait été obtenu et un comité de suivi se réunissait régulièrement pour évaluer l'évolution des recherches et de leur éventuel impact sur l'environnement.

Jamais sans doute en France un organisme de recherche n'avait aussi bien appliqué le principe de précaution contenu dans la Constitution. Il s'agissait de chercher un remède à une maladie de la vigne, le court-noué, sans aucun risque environnemental pour la région mais avec un bénéfice stratégique considérable pour toute la filière en cas de succès. C'est ce qui rendait à mes yeux la destruction de ces vignes encore plus navrante.

Ma venue à Colmar n'était donc pas seulement un acte de sympathie à l'égard des chercheurs, c'était aussi un acte militant, celui d'un responsable politique qui veut garder foi dans le progrès et qui fait confiance à la recherche pour assurer un avenir meilleur à nos enfants. Certes, pas une recherche dénuée de toute barrière éthique ou de toute responsabilité, une recherche d'apprenti sorcier indifférente à l'homme et à la planète, mais au contraire une expérimentation éclairée, encadrée par la loi.

Mais les Français, qui sont, il faut bien le redire ici, l'un des peuples les plus pessimistes du monde, semblent avoir également perdu foi dans la science et le progrès. Le pays des Lumières se méfie de tout. A peur de tout. Dénigre tout. Aurions-nous été à l'origine de tant de grandes découvertes si nous avions appliqué en permanence à la science le procès d'intention qui lui est fait aujourd'hui ?

J'en arrive même à m'interroger sur un principe fondamental que j'ai défendu bec et ongles, y compris contre certains de mes amis politiques : le principe de précaution. En lui donnant valeur constitutionnelle, nous avons précisé clairement son champ d'application : un risque de dommage irréversible à l'environnement devait donner lieu à une expertise et à la mise en œuvre de mesures concrètes de précaution. J'estimais que nous ferions de lui un principe d'action, qui clarifierait les responsabilités de chacun et éviterait que les acteurs publics ou économiques n'aient la main qui tremble à l'idée d'innover. Une sorte de règle du jeu. Avec des droits et des obligations.

Mais, à l'usage, il apparaît que cette loi a conduit à l'émergence d'une « société de la précaution » qui n'a plus rien à voir avec l'esprit même de la charte de l'environnement. Et cette société terrifiée par le changement, la modernisation ou l'innovation, se résume en une seule phrase : « C'était mieux avant. » Formule rigoureusement fausse si l'on regarde les progrès spectaculaires réalisés depuis un siècle, que ce soit en médecine, dans les transports, dans l'agriculture, et même dans la vie quotidienne.

Je comprends l'angoisse de ceux qui craignent que la recherche d'une consommation effrénée ne conduise à un pillage de la planète au détriment des générations futures. Que la course à la croissance ne provoque des déséquilibres irréparables. Mais on peut prôner une société responsable, économe en énergie et en ressources, respectueuse de la biodiversité et de l'environnement, sans pour autant jeter l'opprobre sur d'éventuels progrès de la science et de la technologie. Je crois, au contraire, que c'est grâce à la science qu'on arrivera à rationaliser les ressources, grâce à la recherche qu'on inventera des nouveaux modes de vie, plus respectueux de l'homme et de la planète.

J'ai acquis la certitude qu'il faut remplacer, dans la Constitution, le principe de précaution par un principe de responsabilisation des acteurs, avec un bilan qui serait effectué en prenant aussi en compte les avantages économiques et sociaux des projets concernés, qu'il s'agisse de recherche, d'implantation d'entreprises ou de construction de nouvelles infrastructures. Il semble qu'aujourd'hui un consensus se dessine à droite sur cette proposition. Pourtant ça n'a pas toujours été le cas !

En témoigne une réunion au sommet de l'État, à l'automne 2007. Nicolas Sarkozy nous a réunis, François Fillon, Jean-Louis Borloo, Michel Barnier et moi-même ainsi que les principaux collaborateurs de l'Élysée, pour mettre en œuvre le Grenelle de l'environnement. Jean-Louis Borloo propose d'annoncer la fin de la recherche OGM en France. « La France sans OGM » deviendrait la marque de fabrique du Grenelle. Je perçois alors tout l'enjeu des négociations qui sont en cours avec les associations écologistes. Celles-ci ont renoncé à faire du nucléaire un enjeu du Grenelle et cherchent à obtenir, en compensation, une victoire sur autre chose. Le contexte est par ailleurs assez tendu avec les agriculteurs puisque le Monsanto 810, semence OGM qui a été autorisée par l'Union européenne, fait l'objet de nombreuses critiques.

Autour de la table, je sens que le rapport de force est clairement en faveur de cette décision. Certains collaborateurs du Président, dont Claude Guéant, sont, à ma grande surprise, très séduits et poussent dans le sens de Jean-Louis Borloo. Ils rêvent d'un Grenelle de l'environnement qui marque l'Histoire. Ils veulent absolument que ce soit une grande réussite, qui coupe l'herbe sous le pied de la gauche. Et personne n'ose aller contre. Je connais bien l'ambiance de ces réunions autour du président de la République. Je les ai vécues lorsque je travaillais pour Jacques Chirac à l'Élysée. L'ambiance n'est pas si différente sous Nicolas Sarkozy. Assis côte à côte autour de la grande table recouverte d'un tapis vert, conseillers et ministres hument l'air et cherchent le sens du vent. Que pense le Président ? C'est la question qui hante toutes les têtes. Que dois-je dire pour l'influencer sans pour autant lui déplaire ? Pour me mettre en valeur sans risquer la disgrâce ou la rebuffade ?

Dans ce genre de situation, on évalue également qui pourraient être ses alliés. Ce jour-là, comme tant d'autres, je me sens un peu seule. Mais j'estime que si je suis invitée à ces réunions, c'est pour dire ce que je pense, pas pour tenir un discours courtisan. Je me lance donc : « Je comprends qu'il faille donner de la puissance au Grenelle de l'environnement, mais autant un moratoire sur les semences de Monsanto 810 me paraît justifié, autant échanger les biotechnologies végétales contre le nucléaire me paraît un choix très risqué pour l'avenir de la France. Si un jour une technologie vient révolutionner l'agriculture sans dommages pour l'environnement, pouvons-nous rester à l'écart d'un tel progrès ? Chaque OGM est différent. Et chacun doit faire l'objet d'une approche très encadrée, rationnelle, comme pour les médicaments. Nous avons un devoir de recherche, ne serait-ce que pour pouvoir juger de la dangerosité éventuelle des produits OGM que nous importons déjà. »

Moment d'hésitation dans la pièce. Certains conseillers du Président me regardent d'un air exaspéré. D'autres, comme le directeur de cabinet du président, Christian Frémont, opinent silencieusement, soulagés de voir s'exprimer une autre voix dans ce concert anti-science. Jean-Louis Borloo maintient sa position. François Fillon me soutient. Finalement, le Président tranche : la France déclarera un moratoire unilatéral contre le Monsanto 810, mais investira 45 millions d'euros dans le soutien aux biotechnologies végétales, qu'elles soient OGM ou alternatives aux OGM. Une sage décision qui permet de marquer la confiance de la France dans ses chercheurs. Et dans l'avenir.

Malheureusement, l'arrachage ultérieur de Colmar a donné un signal inverse. Les arrachages et la désobéissance civile prônée par une toute petite poignée de militants ont achevé de décourager la communauté scientifique. La quasi-totalité des chercheurs français qui travaillent sur les OGM sont partis à l'étranger. Nous n'aurons donc plus à nous inquiéter de leurs éventuelles découvertes !

De toute façon, le combat pour la dédiabolisation de cette recherche-là était perdu dans notre pays depuis longtemps. Pourquoi tant de craintes ? Sans doute est-ce dû à notre attachement aux produits du terroir, à la bonne chère, aux traditions culinaires, à nos racines rurales. La crise de la vache folle a également contribué à échauder les esprits. Je pense surtout que les militants écologistes ont réussi à faire de ce combat anti-OGM une cause majeure, emblématique et caricaturale. De manière paradoxale, aujourd'hui, les Français admettent les manipulations génétiques sur les animaux – on clone aujourd'hui des moutons, des taureaux –, ou sur les hommes – et les thérapies géniques sont un formidable espoir –, mais pas sur les plantes. Le pays de Descartes a perdu la raison. Le sujet est passionnel. Hystérisé.

Comment redonner à nos compatriotes confiance dans la recherche, comment faire de la France un lieu qui bouillonne de créativité et d'idées neuves ? Le défi est de taille. Cela exige de surmonter notre peur de l'inconnu, et surtout d'accepter l'idée que, dans la vie, le risque zéro n'existe pas.

Les Français, dans le fond, ont confiance dans la science pour vaincre la maladie, améliorer les technologies de la vie courante. Il suffit de voir la réussite d'opérations comme le téléthon. Mais quelques adeptes de la décroissance ou du retour à une économie de troc sont parvenus à instiller un doute généralisé. Et la peur fait vendre !

Nicolas Sarkozy et François Fillon avaient tous les deux ce désir de faire de la France un pays d'innovation et en même temps un pays exemplaire en matière de protection de l'environnement. Et ils avaient commencé à réussir. D'ailleurs, le Grenelle de l'environnement n'a pas donné lieu à l'escalade de démagogie que certains craignaient (sur le nucléaire, sur les nanotechnologies...). Globalement, le quinquennat écoulé fut même celui d'un âge d'or pour la recherche française. Ils ont été peu nombreux à le reconnaître, mais certains l'ont dit, comme le prix Nobel de médecine 2011 Jules Hoffmann. La recherche a été choyée en termes de moyens financiers. Avec l'Agence nationale pour la recherche et les investissements d'avenir, des milliards supplémentaires sont venus soutenir des projets innovants, prioritaires et soigneusement sélectionnés, en partie par des experts étrangers. Une vraie révolution copernicienne pour notre recherche publique, qui s'y est adaptée, avec bonheur pour les plus allants.

Alors oui, l'approche de la recherche que nous avons eue était sélective. Les priorités ont été discutées avec des chercheurs, mais aussi des chefs d'entreprise et des associations « porteuses d'enjeux[1] ». Pour la première fois dans l'histoire récente du ministère de la Recherche, une stratégie nationale a été élaborée, avec des documents de référence qui fléchaient les investissements publics. En toute transparence. Je regrette seulement que Nicolas Sarkozy n'ait pas souhaité donner à cette démarche le même retentissement que celui du Grenelle de l'environnement, cela aurait marqué les esprits et mis en lumière l'investissement colossal qu'il a fait dans l'innovation pour notre pays.

Au contraire, le 22 janvier 2009, lors de son discours ouvrant officiellement les travaux du comité de pilotage sur la stratégie nationale de recherche et d'innovation, le Président fit, devant la fine fleur de la science française, un discours au vitriol. Fustigeant les mauvais chercheurs, qualifiant l'organisation du système de recherche de « désastreuse », regrettant des résultats « médiocres ». Alors qu'il avait devant lui nos plus grands savants. Il provoqua un tollé qui mit des mois à s'apaiser.

Il y a eu un grand malentendu entre Nicolas Sarkozy et les chercheurs. Il n'a pas su leur parler. Ils se sont crus mal-aimés, incompris. D'entrée, instinctivement, ils se méfiaient. Parce qu'il n'était pas de leur monde, parce qu'il était libéral, proche des milieux d'affaires. Parce qu'il ne respectait pas les

---

1. Une association porteuse d'enjeux est une association porteuse d'un projet au service des grands enjeux de la société. Des associations de malades ou de protection de l'environnement, par exemple : France Alzheimer, Fondation Nicolas Hulot...

codes de l'intelligentsia française. Parce qu'il admirait l'Amérique. Presque un péché mortel ! Du coup, la grande majorité de la communauté scientifique refuse encore de reconnaître la somme des moyens nouveaux qu'il leur a offerts, y compris en sciences humaines, réputées mal-aimées par la droite...

Pourtant, si nous relevons demain le défi des nanotechnologies, ce sera peut-être grâce au pôle Nannoinnov du CEA ; si nous identifions un jour des remèdes contre la maladie d'Alzheimer, ce sera grâce au plan national qu'il a lancé, mais aussi à la constance que nous avons eue pour faire naître une « stratégie conjointe » européenne dans ce domaine sous la présidence française en 2008. Et il en a fallu de l'énergie, je m'en souviens comme si c'était hier, tant nos partenaires allemands étaient effrayés à l'idée de mutualiser nos budgets de recherche.

Si demain la France relève la tête dans le domaine de l'énergie solaire, ce sera peut-être grâce à la confiance accordée à l'INES (Institut national de l'énergie solaire) de Chambéry, ou grâce à l'investissement colossal réalisé sur le plateau de Saclay. Si nous réussissons à rendre la vue aux aveugles, ce sera peut-être pour avoir fait le pari de l'Institut de la vision. Et si un campus du XXIe siècle accueille les héritiers de Fernand Braudel à Aubervilliers, ce sera grâce à notre obstination à convaincre que oui, on peut construire Harvard en dehors du périphérique ! Je me rappelle ainsi de la colère de cet éminent sociologue de la gauche bien-pensante, qui traitait dans ses ouvrages Sarkozy de clone de Berlusconi, mais refusait obstinément de s'installer en Seine-Saint-Denis et me menaçait de faire de la résistance... en donnant désormais ses cours au bar de l'hôtel Lutétia ! Mais aussi de Bertrand Delanoë qui rassembla toutes ses forces pour bloquer ce projet.

Mieux. En dehors des priorités que nous avions fixées, j'ai aussi entendu la demande de nos chercheurs qui souhaitaient développer ce qu'on appelle les « programmes blancs », sans thème prédéfini. Et j'ai consacré une part des financements à ces projets radicalement innovants qui ne rentrent dans aucune case. À condition qu'ils soient parmi les meilleurs. En effet, une découverte radicale ne peut être anticipée à l'avance et les projets les plus créatifs doivent pouvoir être développés, sans forcément entrer dans une approche bureaucratique.

Contrairement à ce que certains craignaient, nous avons fait cette mutation de notre système vers une recherche sur projets – et non plus à financements récurrents, c'est-à-dire renouvelés automatiquement – sans diminuer ni les budgets ni les effectifs. Malheureusement, les organismes de recherche doivent faire face à l'inflation du coût d'entretien des grandes infrastructures qu'ils ont construites et qui absorbent une quantité toujours plus grande de leurs budgets. Et si aujourd'hui certains sont contraints de réduire la voilure et de faire des économies, c'est en partie à cause du coût de ces infrastructures, mais c'est aussi, il faut bien avoir la franchise de le dire, à cause du statut des chercheurs.

Je crois que la France est le seul pays au monde à avoir autant de chercheurs qui n'ont statutairement aucune obligation d'enseignement. Ce qui constitue clairement un handicap par rapport à la plupart de nos voisins. Nos étudiants ont peu de liens avec la recherche, en tout cas guère avant Bac+5 ! Et un certain nombre de nos meilleurs chercheurs ne sont pas professeurs à l'université.

Si nous voulons que nos universités figurent parmi les meilleures, il faudra profondément modifier le statut des chercheurs. Certaines disciplines particulièrement brillantes, comme les mathématiques, ont anticipé d'elles-mêmes cette évolution nécessaire. Les jeunes chercheurs débutent leur carrière comme chargés de recherche, sans obligation d'enseigner, puis, vers trente-cinq/quarante ans, ils changent volontairement de statut et deviennent professeurs à l'université, où ils font de la recherche à mi-temps, et consacrent leur autre mi-temps à l'enseignement et à la formation des mathématiciens de demain.

C'est la voie à suivre. Dans la période particulièrement créative des premières années de recherche, il est judicieux de conserver ce statut de chargé de recherche à temps plein, mais il faudrait qu'ensuite le chercheur ait l'obligation d'enseigner. Pour qu'il y ait un lien entre les disciplines enseignées et les découvertes les plus récentes. Qu'on n'enseigne pas aux étudiants des savoirs qui datent. Certains chercheurs pourraient bien évidemment « racheter » temporairement cette obligation d'enseigner à leur université pour poursuivre un projet de recherche qui le nécessiterait. Grâce à des financements extérieurs, publics ou privés, français ou internationaux.

Je prends la précaution de préciser qu'un tel système ne s'appliquerait qu'aux entrants, aux nouveaux recrutés ! Malgré cela, je sais qu'une telle évolution, absolument vitale à mes yeux, suscitera toutes sortes de résistances. On me dira notamment que cela va affaiblir les organismes de recherche au profit des universités. C'est parfaitement inexact. Un professeur d'université peut toujours travailler pour une unité mixte, dépendant à la fois de l'université et du CNRS. Et les organismes de recherche conserveraient la responsabilité d'identifier les jeunes talents.

Autre critique de ceux qui veulent conserver le système en l'état : les chercheurs ne font pas nécessairement de bons enseignants. Mais sur ce thème, j'ai envie de poser la question à l'envers : à quel moment les universitaires sont-ils formés à la pédagogie ? On considère qu'ils ont acquis un savoir précieux à transmettre et qu'ils ont l'intelligence pour le faire. Et les chercheurs n'en seraient pas capables ?

Il est très difficile d'être au sommet de sa créativité tout au long de sa vie. Le statut de chercheur à temps plein et à vie est coûteux pour l'État, il limite les recrutements et les salaires. Il prive nos universités de talents exceptionnels qu'on retrouvera faisant des heures supplémentaires dans les grandes écoles, ou bien à Harvard ou à Singapour. Or nous devons œuvrer à la mise en place d'un système de recherche vivant, réactif, en lien direct avec la formation des étudiants.

Je pensais être particulièrement téméraire en proposant cette réforme, mais je me suis aperçue qu'elle figurait dans les propositions de la commission Attali pour la libération de la croissance dans laquelle siégeaient, entre autres, le démographe Hervé Le Bras et la présidente de l'INRA, Marion Guillou. Puissent-ils se faire les avocats de cette évolution statutaire dont j'imagine déjà l'accueil dans les laboratoires.

Mais le progrès, l'innovation ne doivent pas être l'apanage des labos publics. Cela doit également être une priorité pour les universités et pour les entreprises. Or, hélas, le nombre de brevets déposés en France recule d'année en année. Bien sûr certains organismes ont mis les bouchées doubles ces derniers temps, je pense au CEA et au CNRS, mais les universités françaises restent à la traîne et les unités mixtes de recherche, qui regroupent plusieurs laboratoires, souffrent de tutelles multiples, ce qui complique considérablement la tâche de chacun.

Nous avons commencé à simplifier les règles pour désigner un gestionnaire unique des brevets déposés dans chaque unité, mais les résistances demeurent. Chaque chapelle veut tirer la couverture à elle. C'est une perte de temps. Maintenant qu'après des années de négociation laborieuse le brevet unique européen semble voir le jour, il serait temps de lancer une réforme drastique pour simplifier les dépôts de brevets dans notre pays, comme l'ont fait les États-Unis il y a deux ans. C'est l'un des préalables indispensables pour renforcer des relations encore trop faibles entre entreprises et laboratoires publics.

En triplant le crédit impôt recherche, nous avons d'ailleurs voulu remédier à cette grande fragilité française : la faiblesse de la recherche et de l'innovation en entreprise, singulièrement dans les PME. Et le dispositif commence à porter ses fruits puisqu'il a fait tripler les investissements étrangers en France dans ce domaine, et évité la délocalisation de nombreux centres de recherche de grands groupes, attirés par un dollar faible ou des marchés asiatiques incarnant l'avenir.

Que va-t-il advenir avec la nouvelle majorité ? Quel sera le message de François Hollande, qui est resté singulièrement muet sur le sujet ? Sera-t-il prisonnier des accords avec les Verts qui condamnent à terme le nucléaire, et donc une partie de notre stratégie énergétique, veulent stopper les nanotechnologies et condamnent la recherche sur des explorations propres des gaz de schiste ? Sera-t-il prisonnier des syndicats, qui souhaitent le démantèlement de la recherche sur projet au profit de crédits récurrents pour tous, et ont déjà obtenu la suppression de l'agence indépendante d'évaluation que nous avions mise en place ? Donnera-t-il satisfaction à « Sauvons la recherche » qui a critiqué en permanence le crédit impôt recherche, estimant qu'il s'agissait d'un pur effet d'aubaine pour les entreprises ? Et d'ailleurs, que dire de tous ceux qui ont affirmé que le système bancaire profitait outrageusement de ce crédit d'impôt recherche, alors qu'il ne bénéficie que de 3 % du total ? La commission des Finances de l'Assemblée nationale avait confondu les holdings financiers de groupes industriels avec le secteur banque et assurance ! Cette erreur a été reprise en boucle par les politiques et par les syndicalistes. J'ai moi-même entendu Bernard Thibault, lors d'une rencontre avec le chef de l'État, reprendre ce grief.

Quand l'actuelle ministre des Universités et de la Recherche dit que dans la politique menée par Nicolas Sarkozy, il y a un mot qui la gêne, le mot « excellence », j'ai envie de lui répondre que la compétition est mondiale, et que la France n'a pas vocation à y être médiocre.

Pour l'heure, difficile de percevoir une quelconque volonté. Après avoir annoncé qu'il renonçait à lancer des recherches sur des techniques non polluantes d'extraction des gaz de schiste, qu'il fermerait la centrale nucléaire de Fessenheim, et réduirait les crédits de l'Agence nationale de la Recherche, donnant ainsi des gages très alarmants à la partie de sa majorité la plus anti-progrès, le président de la République a – un peu – rectifié le tir. Il a relancé le processus des investissements d'avenir et annoncé qu'il réaliserait le Grand Paris, notamment la desserte du Plateau de Saclay, qui regroupera à terme 25 % de la recherche française. Il a semblé enfin admettre que son prédécesseur n'avait pas eu tort sur tout.

On vient de loin. Je me rappelle les paroles définitives prononcées, à l'époque, par Cécile Duflot et ses amis au conseil régional d'Île-de-France : « On ne va pas construire un métro pour desservir trois chercheurs dans des champs de patates. » Quel chemin parcouru ! Hélas, il semble que ce soit un choix de raison et non de passion. Et il n'est pas porté par un discours mobilisateur, porteur d'espoir.

L'antisarkozysme a servi de ciment à la gauche, on le sait. Et François Hollande n'aura pas l'élégance de reconnaître à son prédécesseur la paternité de certains projets porteurs d'avenir. Soyons, à défaut, satisfaits qu'il ait renoncé à détricoter certaines réformes en matière de recherche. Espérons maintenant qu'il aura la lucidité de les mener à terme.

13

Le scandale de la formation

Si la France, comme je l'ai déjà évoqué, est si pessimiste, c'est aussi parce que l'ascenseur social est en panne. Le manque de perspective engendre le défaitisme. Dans ce pays qui se plaît à vanter son modèle et sa méritocratie républicains, il est devenu quasi impossible de sortir de sa case de départ. Case géographique, culturelle, professionnelle. Le cloisonnement social, la faiblesse de la formation tout au long de la vie, la difficulté à faire valider les acquis professionnels, tout cela fait de la France une société pétrifiée dans laquelle la mobilité sociale est trop faible pour impulser de l'énergie.

Les ouvriers ne deviennent pas souvent cadres, les infirmiers presque jamais médecins, les serveurs rarement gérants de bistrot... Tout cela donne le sentiment qu'il est impossible désormais de démarrer au bas de l'échelle et d'en grimper peu à peu les échelons. Les Français sont persuadés que leurs enfants vivront moins bien qu'eux, ne pourront pas améliorer leur sort. Une majorité craint de sombrer dans la pauvreté. Et selon un sondage réalisé par l'institut CSA,

56 % d'entre eux estiment qu'ils pourraient devenir SDF. 56 % !

Si on veut vraiment sortir de la crise, il est essentiel de se pencher sur la question de la formation. Pour former, former vraiment. Cela veut dire se pencher sur l'immense gabegie de la formation professionnelle. Un budget de plus de 32 milliards, en partie gaspillé ou détourné de sa fonction chaque année. Un sujet explosif car ce pactole est souvent géré par les partenaires sociaux. Des milliards, censés former les salariés, améliorer ce qu'on appelle, dans le jargon, leur employabilité, sont mal utilisés et ne bénéficient pas à ceux qui en ont le plus besoin : les personnes peu qualifiées, les salariés précaires, les chômeurs.

Un jour, le patron d'une grosse PME industrielle de la Loire, fabricant de nacelles élévatrices, bien décidé à m'ouvrir les yeux sur ce sujet, est venu me trouver, en marge d'un de mes déplacements à l'université de Saint-Étienne. Il voulait dénoncer ce « scandale ». L'obligation légale pour les entreprises de consacrer une partie de leur masse salariale à des actions de formation professionnelle profite très majoritairement aux salariés des grandes entreprises. Parmi eux, prioritairement, les salariés en contrat à durée indéterminée et les plus qualifiés. Quant aux PME, elles se sentent lésées, car elles les financent à plus de 50 % mais n'ont pas les moyens d'organiser en leur sein les actions de formation. Et elles n'ont pas la taille critique, en termes d'effectifs, pour se permettre de se passer de leurs salariés le temps d'une formation à l'extérieur.

Résumé de sa complainte : encore une fois, les petits payent pour les gros, la formation professionnelle ne joue pas son rôle de promotion sociale et d'aide au retour à l'emploi dans notre pays.

Les milliards destinés à la formation professionnelle sont collectés par des structures ad hoc : les organismes paritaires collecteurs agréés (OPCA). Ce sont eux qui sont chargés de prélever les contributions que doivent verser les entreprises : entre 0,55 % et 1,6 % de la masse salariale, en fonction de la taille de l'entreprise et du statut des salariés.

Ensuite, ces fonds servent à financer des organismes de formation, plus ou moins efficaces il faut bien le dire. On en compte près de 60 000. Et, comme je l'ai dit, ils permettent au passage de financer les partenaires sociaux (syndicats, patronat), ce qui génère des conflits d'intérêts et des « pertes en ligne ».

Les régions, quant à elles, financent aussi une partie de la formation. Pour plus de 5,5 milliards d'euros. Notamment pour les jeunes (apprentissage), ou de la formation continue, sans que de véritables indicateurs de performances permettent d'orienter les crédits vers les métiers sous tension, de faire évoluer les formations en fonction de la demande des employeurs, de vérifier l'insertion professionnelle ou la progression de carrière des personnes formées.

C'est un immense paquebot sans cap, sans contrôle. Il y a des formations où personne ne va, alors qu'il existe des débouchés. D'autres qui ont beaucoup de succès, alors qu'elles ne forment à rien. Parfois il n'y en a pas du tout pour les filières qui recrutent et où les entreprises de la région sont demandeuses.

L'absence totale de recensement des formations, d'indicateurs en temps réel des places disponibles, d'évaluation, en dit long sur l'inefficacité du système. Il est urgent de mettre fin à ce gaspillage honteux de l'argent public.

Les rapports au ton accusatoire s'empilent : « Formation professionnelle : le droit de savoir », tel était l'intitulé d'un rapport sénatorial en 2007. En 2009, la chambre régionale des comptes d'Île-de-France dénonçait à son tour, dans une indifférence quasi générale, le maquis des formations régionales dans lequel il est impossible d'évaluer la plus-value apportée aux personnes concernées. J'ai ainsi découvert qu'un même CAP de fleuriste peut coûter du simple au triple à la collectivité régionale, selon l'organisme choisi !

Le problème, c'est que c'est un sujet rebutant, complexe, éminemment technique. Comme toujours dans ces cas-là, les professionnels qui vivent de ce système se retranchent derrière l'opacité des mécanismes et la multitude de sigles ou d'acronymes en vigueur. Ce qui exclut immédiatement le candide qui cherche à comprendre. Entre les organismes collecteurs de la formation professionnelle (OPCA), ceux de la taxe d'apprentissage (OPTA), les niveaux de qualification auxquels mène chaque formation, les DIF[1], les CIF

1. DIF : droits individuels à la formation, de vingt heures par an, cumulables pendant six ans, très utilisés dans les grandes entreprises mais beaucoup moins dans les petites.

(congés individuels), tout le monde s'y perd. Cela permet au système de prospérer dans l'indifférence générale.

Cette complexité interdit même d'engager le débat. Je me souviens d'une passe d'armes assez cocasse avec Michel Sapin, l'actuel ministre du Travail, lors d'une émission télévisée sur l'emploi, « Mots croisés ». J'avais abordé le sujet de la formation professionnelle et expliqué qu'il n'était pas acceptable que seulement 10 % des demandeurs d'emploi se voient proposer une formation aujourd'hui. J'argumentais en citant le rapport de la chambre régionale d'Île-de-France, que je m'étais procuré en tant que présidente de l'opposition à la région. Je lui tins donc un langage sévère sur l'inefficacité de certaines régions et leur passivité. Alors que de nombreux nouveaux métiers apparaissent dans ce bassin d'emploi. Notamment dans l'économie digitale.

J'avais en tête l'initiative de Xavier Niel, le fondateur de Free, Marc Simoncini, de Meetic, et Jacques-Antoine Granjon, le patron de Ventes privées : une « école des métiers de l'Internet », ouverte à tous, même aux non-diplômés. En effet, aujourd'hui, il n'existe aucune formation spécifique pour les jeunes « geeks » qui pourraient pourtant trouver de très nombreux débouchés dans l'économie du Net. Marc Simoncini a un jour déclaré : « Ce n'est pas que l'école forme mal, elle ne forme pas aux métiers qui sont en train d'être inventés ! » D'où leur difficulté à recruter. En 2013, on ne peut que le constater et le déplorer : l'école n'a toujours pas pris le virage du numérique.

Réponse ahurissante de Michel Sapin : « Madame Pécresse, comment pouvez-vous faire une erreur aussi grossière ? Les régions ne sont pas compétentes en matière de formation professionnelle, ce sont les partenaires sociaux qui le sont. » J'en suis restée bouche bée. Michel Sapin, ancien président de région, actuel ministre du Travail, ignorant que les régions investissent 45 % de leur budget dans l'éducation et la formation ! Ou faisant semblant de l'ignorer... J'en ai tiré la conclusion que la réforme de ce système opaque n'était pas pour demain.

Lors d'une convention du club de réflexion que j'ai lancé, Le Labo des idées, qui mêle élus, intellectuels et acteurs de la société civile, une femme d'une quarantaine d'années, indignée, m'a donné un exemple très parlant de la difficulté dans laquelle nous nous trouvons. Un de ses amis, au chômage, se présente à Pôle Emploi dans une petite ville du Calvados. Il veut effectuer une formation de webmaster. Le diagnostic tombe dans la minute : il n'y a pas de formation de webmasters disponible dans le Calvados. Il doit se rapprocher de Paris. Nouvel essai dans l'Eure, même réponse. Il finit par arriver dans les Hauts-de-Seine où l'agent de Pôle Emploi lui répond qu'il offre des formations de webmaster, effectivement, mais seulement aux demandeurs d'emploi des Hauts-de-Seine ! Si Kafka ressuscitait, il viendrait s'occuper des dédales de l'administration française.

En réalité, depuis des lustres, les hommes politiques de droite comme de gauche se sont trouvé une excuse pour ne pas s'attaquer à la réforme de la formation professionnelle : elle permet de financer le paritarisme dans notre pays. En clair : les syndicats et le patronat qui gèrent en grande partie les fonds et un certain nombre de formations en direct. Cela permet bien des arrangements. « Si je touche à la formation professionnelle, je saute ! » Combien de ministres du Travail et de l'Emploi ont prononcé cette phrase ? En privé, ou même en public ? Eh bien, je pense qu'il est impératif d'en finir avec ce système. Il faut en débattre de manière très ouverte avec les partenaires sociaux et proposer, en échange, un financement transparent des syndicats.

Comment ? La première des mesures serait de faire collecter les fonds de la formation professionnelle par l'Urssaf[1], qui est déjà chargée de recouvrer les cotisations sociales. Tout simplement. Cela ferait déjà des économies substantielles. Elle verserait directement les fonds à des centres agréés, dont les formations auraient été préalablement évaluées par une agence d'évaluation indépendante.

Ainsi, les organismes collecteurs deviendraient simplement des organismes gestionnaires de formations au sein des branches professionnelles. On arrêterait ainsi le mélange des genres. Dans chaque bassin d'emploi, l'agence aurait aussi pour mission d'anticiper, de détecter les formations nécessaires dans les dix années à venir, afin de répondre aux besoins des

1. L'Union de recouvrement des cotisations de sécurité sociale et d'allocations familiales collecte toutes les cotisations sociales et les redistribue aux organismes de sécurité sociale.

entreprises et des salariés. Ensuite, elle vérifierait la qualité des formations dispensées. Leur taux de remplissage, les débouchés, l'insertion professionnelle. Le système serait enfin transparent. Et plus efficace. Est-ce vraiment mission impossible ? Arrêtons de crier au loup, « je vais sauter ».

En 2008, on comptait 58 450 prestataires de formation en France. 58 450 ! La recherche d'une formation de qualité relève, dans cette jungle, d'un véritable parcours du combattant. Qu'ont fait nos voisins ? Le Danemark a créé en 1999 un institut d'évaluation pour l'ensemble du secteur éducatif, incluant la formation professionnelle. L'Allemagne impose aux prestataires de faire agréer leurs programmes par l'État et l'office fédéral a mis en place des normes de qualité très strictes comparables à la norme ISO 9001[1]. Au Royaume-Uni, des inspections ont lieu régulièrement pour analyser la qualité des formations offertes. Elles durent parfois des semaines. C'est dire leur sérieux. Et les rapports réalisés par la centaine d'inspecteurs de l'Office for Standards in Education, Children's Services and Skills (Ofsted), sont ensuite rendus publics, sur Internet.

Face à ces efforts d'évaluation, de simplification et de transparence, la France est incroyablement en retard. Il faudra s'inspirer de ces exemples. Et pour ne pas créer une nouvelle structure administrative – on en a déjà assez –, il suffirait de confier cette mission d'évaluation à une agence qui existe déjà :

1. Norme ISO 9001 : norme internationale qui sert de base à la certification de conformité.

celle en charge d'évaluer les universités, par exemple, si elle survit aux coups de boutoir des syndicats, qui cherchent à la démanteler. Ah, l'évaluation indépendante des services publics ! Encore une question qui fâche.

Reste à réorienter les moyens vers ceux qui en ont le plus besoin : les jeunes sans qualification ou sans expérience professionnelle, les demandeurs d'emploi. On pourrait imaginer un système gagnant-gagnant, pour reprendre une expression à la mode : toute entreprise offrant un contrat à durée indéterminée à un chômeur et prenant en charge sa formation serait exonérée en partie de sa cotisation légale de formation. Cela reviendrait à instaurer un crédit d'impôt formation pour les entreprises. Cela aurait un autre avantage : offrir des formations qualifiantes plus longues aux chômeurs qui, généralement, se voient offrir par Pôle Emploi des formations trop courtes pour se reconvertir vraiment.

Ce crédit d'impôt « retour à l'emploi » aurait un effet très vertueux, notamment pour les PME, dont les salariés bénéficient très peu de la formation continue. Ils pourraient ainsi être formés à l'embauche. L'incitation à recruter serait renforcée puisque la mise à niveau du salarié serait prise en charge par les crédits formation. Et le chef d'entreprise serait assuré d'engager quelqu'un qui répondrait à ses besoins.

Une fois réglées les questions de collecte, d'évaluation et de fléchage des fonds, il faudra se pencher sur la gouvernance. Et désigner un pilote, clairement identifié. Aujourd'hui on s'emmêle complètement les pinceaux, entre Pôle Emploi, les services régionaux, les missions locales. Pour moi, il faut tout centraliser et confier cette mission à Pôle Emploi. C'est le lieu de passage obligé de ceux qui ont le plus besoin de formation : les chômeurs.

Un Pôle Emploi redéployé. Au niveau national, il aurait pour mission de travailler sur la prospective des métiers : quels seront les nouveaux métiers de demain, quelles seront les compétences requises ? Et ce, en lien avec le Conseil d'analyse stratégique. Faute de ce travail de réflexion et de collecte d'informations auprès des entreprises, nous continuerons à avoir en France des centaines de milliers d'offres d'emploi non pourvues. Combien de témoignages de chefs d'entreprise cherchant désespérément les compétences adéquates ! Dans l'hôtellerie, l'industrie, les services. Aujourd'hui ce sont près de 250 000 offres d'emploi qui ne trouvent pas preneurs. Quel gâchis ! L'argent public doit servir à former à des métiers qui recrutent. Et les demandeurs d'emploi doivent être orientés vers ces filières.

Pour compléter ce schéma, certes un peu technique, et montrer sa cohérence, j'estime qu'il faut absolument créer des Pôles régionaux de l'emploi, des structures déconcentrées de Pôle Emploi, pour être au plus près des besoins, des entreprises comme des chômeurs. Ils chapeauteraient les services régionaux et les missions locales d'insertion, en s'inspirant du modèle britannique et de son guichet unique : Connexion.

Les agences Connexion coordonnent tous les services en direction des chômeurs : orientation, insertion professionnelle, action sociale. L'objectif est d'améliorer notamment le suivi des jeunes en difficulté en rassemblant dans un même lieu toutes les informations et le suivi de leur dossier.

Simplifier cet enchevêtrement de structures et d'intervenants ? Permettre à chaque demandeur d'emploi d'être mieux informé sur les métiers d'avenir et les formations les plus qualifiantes pour trouver un emploi ?

Voilà un beau défi. Un travail de titan ? Peut-être. Mais tant d'argent et d'énergie sont dépensés aujourd'hui pour des résultats tellement décevants ! Cette année, la France a battu le record du nombre de chômeurs. Ayons le courage de nous attaquer à cette forteresse.

14

Une école sur mesure

Nous avons un peu brusqué l'école, il faut bien le reconnaître.

Il y a quelques semaines, je me suis rendue au lycée Georges-Brassens de Courcouronnes, dans l'Essonne. J'étais invitée par le proviseur, un homme ouvert et soucieux d'informer tous les élus régionaux de ses projets et de ses besoins. En l'espèce : un sas de sécurité pour protéger le lycée contre des intrusions extérieures, une salle polyvalente pour permettre aux associations de se réunir et une salle équipée pour l'ouverture d'une classe de BTS en design et arts appliqués, formation unique dans le département. Une de ses fiertés. C'est peu dire que l'accueil des professeurs a été froid. Ils m'ont reproché d'avoir cassé l'école et martyrisé l'université. Sur l'université, je leur ai rétorqué qu'il ne fallait pas se laisser intoxiquer, mais sur l'école, j'ai fait un mea culpa.

Cassé l'école ? Non, bien sûr. Nous y avons fait de belles choses : les écoles, les collèges et les lycées pour l'ambition, l'innovation et la réussite (Éclair), les internats d'excellence, les soutiens individualisés... Mais, oui, nous avons réduit les effectifs. Et brisé ainsi un totem aussi puissant que celui de la retraite à soixante ans.

Confrontés à la nécessité de réduire le nombre de fonctionnaires, nous savions que la première cible devait être l'Éducation nationale. Nous n'avions pas le choix : plus d'un million de fonctionnaires, soit près de la moitié de la fonction publique d'État. Nous avons donc appliqué le principe du non-remplacement d'un fonctionnaire sur deux partant à la retraite. Et cela nous a été beaucoup reproché. Pourtant, toutes les comparaisons européennes le démontrent, l'éducation, en France, bénéficie d'un encadrement largement au-dessus de la moyenne. Et il est en constante progression depuis vingt ans. Malgré cela, année après année, nos résultats se dégradent, comme le révèlent les enquêtes Pisa[1]. Des effectifs pléthoriques, liés à la multiplicité des matières enseignées, qui ne garantissent pas de bons résultats. Voilà la réalité de la situation française, que cela plaise ou non.

Nous voulions, nous devions, concentrer les moyens pour ce qui était notre priorité : la prévention de l'échec scolaire et les élèves décrocheurs.

Mais, en politique, tout l'art est dans l'exécution. Pris par l'urgence, nous avons dû supprimer les postes de manière excessivement comptable, sans avoir au préalable réalisé les réformes de fonctionnement et

1. Pisa : *Program for International Student Assessment* en anglais, Programme international pour le suivi des acquis des élèves en français, est un ensemble d'études menées par l'OCDE, visant à la mesure des performances des systèmes éducatifs.

d'organisation qui nous auraient permis de le faire sans douleur. Sur ce plan, se heurtant à l'hostilité des syndicats d'enseignants, la droite a connu une succession d'échecs.

La tentative de réforme du lycée engagée en 2009 par Xavier Darcos et le recteur d'académie Jean-Paul de Gaudemar (aujourd'hui au cabinet de Jean-Marc Ayrault) était audacieuse et pertinente. Elle visait à réduire le nombre de matières enseignées aux lycéens, afin de mieux organiser la scolarité autour d'un socle d'enseignements fondamentaux et de modules au choix. Cet allégement aurait permis aux élèves de se concentrer sur les matières essentielles pour améliorer leur niveau de connaissances et, double bénéfice, cela aurait libéré de nombreux postes. Une partie des effectifs aurait été réaffectée dans les établissements les plus fragiles socialement et scolairement, afin de les renforcer.

Malheureusement, comme en 2004 lors de la réforme du Bac présentée par François Fillon, les lycéens – évidemment encouragés par certaines forces influentes dans l'Éducation – sont descendus dans la rue pour protester contre la menace d'un « lycée au rabais ». Je me souviens de la fébrilité de Xavier Darcos, voyant jour après jour le mouvement enfler dans les territoires, à partir du tableau de bord que lui transmettaient les recteurs. J'étais passée par là. Et de sa phrase fétiche : « Les lycéens c'est comme du dentifrice, quand ça sort du tube, impossible de les remettre dedans. » Au même moment, les étudiants bloquaient les universités. Nous avons finalement renoncé à réformer.

Renoncer, et enterrer, comme on le fait d'habitude : en nommant un médiateur, en l'occurrence Richard Descoings à l'époque directeur de Sciences-Po, qui fut chargé d'une mission de concertation consensuelle. « Le mot consensus démarre mal », avait coutume de dire Georges Pompidou. En ce qui concerne l'Éducation nationale, et sans vouloir jouer les provocatrices, je dirais qu'aucune vraie réforme ne peut faire consensus. Hélas.

Ainsi édulcorée, la réforme du lycée ne pouvait pas changer réellement les méthodes de travail, nous faire économiser suffisamment de postes. Et je ne peux qu'entendre le mécontentement des enseignants du lycée Georges-Brassens de Courcouronnes, une équipe pédagogique engagée, avec très peu de turn-over me dit-on, et qui doit faire face à une mixité sociale toujours croissante. Ce lycée est d'autant plus méritant qu'il a réussi à s'imposer dans la carte scolaire alors que les lycées publics de banlieue sont souvent dévalorisés. Ainsi Georges-Brassens a-t-il échappé il y a quelques années à une spécialisation uniquement en lycée technologique. Il a réussi à maintenir des sections générales au prix de la mobilisation de tous.

Aux yeux de ces enseignants motivés et concernés, la droite n'a fait que supprimer des personnels en gonflant les effectifs dans les classes. Comment auraient-ils pu être sensibles à mon discours ? Pourtant, par courtoisie ou par curiosité, ils sont restés et m'ont écoutée. Et je leur ai dit ma conviction : qu'on le veuille ou non, il y a trop de matières au Bac. Depuis des années, les gouvernements successifs essayent de faire évoluer le système dans le sens de nos voisins européens. Six ou sept matières, contre douze actuellement, cela suffirait largement pour évaluer la valeur des candidats. Cela leur permettrait d'approfondir leurs connaissances et leur réflexion, plutôt que de se livrer à ce bachotage stupide dont ont souffert tant d'élèves. Et de parents d'élèves ! On gagnerait à avoir un socle restreint de matières obligatoires, les autres étant optionnelles.

Cette réforme aurait un autre avantage non négligeable : réaliser des économies. Ce n'est pas un gros mot, même dans l'éducation. Je l'assume. Car les moyens ainsi économisés nous permettent de réorganiser et d'améliorer notre système éducatif. Diviser le nombre d'épreuves par deux, ce sont des centaines de milliers de copies en moins à corriger. Ce sont des lycées qui ne ferment pas dès le mois de juin pour se transformer en centres d'examens. Et, à l'arrivée, ce sont des dizaines d'heures de cours en plus pour les élèves.

Avec les marges de manœuvre dégagées, on pourrait également mettre davantage de moyens dans le primaire et l'acquisition des savoirs fondamentaux. Une priorité nationale. Tous les ans, 150 000 jeunes quittent le système scolaire sans qualification. C'est l'un des points noirs de notre système éducatif, qui, en réalité, dans sa conception, est très élitiste. Les lycées généraux publics sont très coûteux, alors qu'ils s'adressent aux meilleurs élèves. Et donc bien souvent, compte tenu du mode de sélection, aux plus favorisés.

Allons plus loin : la vraie réponse aujourd'hui, c'est, là encore, de passer à une logique du « sur-mesure » et d'arrêter le « prêt-à-porter ». Il est illusoire de vouloir instruire avec les mêmes méthodes, les mêmes outils, les mêmes horaires, les mêmes programmes des enfants qui présentent tant de différences sociales, culturelles, linguistiques. Il faut laisser les établissements s'organiser, en fonction des élèves, de leur environnement. Leur donner une large autonomie, une vraie capacité d'expérimentation. Pour organiser les heures de cours et de soutien, ainsi que pour la répartition de leurs moyens. En permettant aux chefs d'établissement de choisir leurs enseignants, comme cela se fait déjà – et ce n'est pas le moindre des paradoxes – dans les classes préparatoires aux grandes écoles destinées aux meilleurs élèves. Sous réserve, bien sûr, de procéder à une évaluation nationale rigoureuse de leurs résultats.

À l'entrée au collège, est-il logique d'enseigner de la même manière aux élèves qui ne savent pas encore lire, écrire, compter correctement et à ceux qui maîtrisent ces savoirs ? Ne devrait-on pas les accueillir dans des classes de sixième spécialement conçues pour eux ? Pendant quelques mois, un trimestre, on ne leur enseignerait que les matières fondamentales – français, mathématiques – de manière à les remettre à niveau. À quoi sert d'enseigner l'histoire ou l'anglais à des enfants qui ne maîtrisent pas leur propre langue ? La physique et la technologie à des enfants qui ne maîtrisent pas les quatre opérations et la règle de trois ?

D'ailleurs, le collège unique, c'est déjà fini. Il y a des sections de préapprentissage pour les plus fragiles et des sections internationales ou européennes pour les plus agiles. Ne nous voilons pas la face. Ne faisons pas semblant. Au contraire, expérimentons une autre organisation pour obtenir de meilleurs résultats. Nous avons lancé le processus. Il faut le poursuivre.

On aurait aimé que la gauche, avec sa promesse de recrutement de 60 000 enseignants supplémentaires, apporte au moins des solutions à ce fléau : l'échec scolaire. Mais non, rien.

J'ai cru un moment – mais j'étais naïve – que Vincent Peillon, avec ses beaux discours sur l'école et les moyens supplémentaires dont il dispose, allait en faire son combat. Mais il a pris un chemin de traverse, en s'attaquant en priorité aux rythmes scolaires. Il s'est engouffré dans une réforme sans queue ni tête. Qui va mobiliser toute l'énergie des enseignants et des municipalités pendant deux ans, aux dépens des apprentissages et de la pédagogie. Sans se préoccuper à aucun moment de la réalité de la vie quotidienne des familles. Pire, elle se fait au détriment des plus fragiles, en supprimant les heures de soutien personnalisé instaurées par Luc Chatel ; quel contraste entre les deux ministres ! En supprimant également les évaluations de fin de CE1 et CM1, instruments primordiaux pour repérer les élèves en difficulté. Supprimer le thermomètre n'a jamais guéri le malade. Au contraire, seuls ces « bilans de santé » permettent d'apporter des réponses immédiates et adaptées à des enfants en train de décrocher.

Le gouvernement explique avec de grands mots qu'il veut éviter le « fléau du redoublement ». Fort bien, mais cela exige d'imaginer, d'innover, de trouver des solutions pour remédier aux difficultés des élèves. Que dit Vincent Peillon du fléau social de ces élèves qui, au collège, passent dans la classe supérieure avec des moyennes inférieures à cinq, parce qu'on ne sait pas quoi en faire et que la scolarité est obligatoire jusqu'à seize ans ? Rien.

En quelques mois, il a détruit tous les acquis de ses prédécesseurs et réussi à désorganiser durablement l'école primaire, trop occupée désormais à compter ses heures pour travailler sur l'essentiel : la pédagogie.

On m'a rapporté que dans le « non-projet de loi » de Vincent Peillon sur l'école, il était prévu, à l'origine, d'introduire une expérimentation très audacieuse dans les collèges et les lycées. Avec la possibilité d'organiser la scolarité différemment. A priori, une intention louable. On peut même dire une petite révolution. Mais après quelques heures de négociations houleuses avec les syndicats, il aurait purement et simplement retiré cette partie du texte ! Alors, si même un gouvernement de gauche, fort d'une annonce de 60 000 créations de postes, n'est pas capable de faire évoluer notre école et de lutter efficacement contre l'échec scolaire, c'est vraiment à désespérer de la politique.

Ce désastre pour notre pays, car c'est un désastre, m'a d'ailleurs conduite, avec certains de mes vieux complices du ministère de l'Éducation nationale – dont certains engagés à gauche –, à créer la fondation S'engager contre l'échec scolaire. Notre objectif : recenser les idées neuves, les sélectionner, les soutenir, les mettre en œuvre, les évaluer. En espérant qu'un jour, un gouvernement sera assez sage pour s'en inspirer.

Je suis ainsi partie à la recherche de mécènes publics et privés pour financer les actions de la fondation, avec au cœur les propos de celle qui sera un jour, je le crois, la première femme française prix Nobel d'économie, Esther Duflo. Cette économiste, mondialement connue pour ses travaux sur la lutte contre la pauvreté, qui a d'ailleurs été recrutée par Barack Obama pour le conseiller sur les questions de développement, explique que les grandes réformes en matière sociale ne viendront plus désormais d'en haut, d'une autorité politique omnisciente et omnipotente, mais d'initiatives innovantes venant de la société civile.

En aidant des enseignants, des collectivités locales ou des associations qui réussissent, on peut changer les choses. Et je ne prendrai qu'un exemple, près de chez moi : le collège René-Cassin de Chanteloup-les-Vignes, au cœur de la cité. En quelques années, les équipes ont réussi à faire passer le taux de réussite de leurs élèves au Brevet de 50 % à 90 %, en y mettant toute leur énergie et leur créativité. Ils m'ont montré, lors d'une visite ministérielle, leurs ateliers de soutien aux mères, leurs cours d'alphabétisation, leurs activités périscolaires, ou le système d'alerte par SMS en cas de problème avec l'enfant. C'est un résultat remarquable, fruit d'un vrai travail d'équipe. Ils donnent foi en l'école et méritent notre admiration.

Le système éducatif français doit désormais changer de logique. Nous sélectionnons trop par l'échec.

Aujourd'hui, notre école publique est devenue à bien des égards une machine à trier, à sélectionner les élèves. En dépit de l'engagement impressionnant de nombreux enseignants qui ne comptent plus leurs heures de soutien. Inquiets, découragés, de nombreux parents ont recours à l'école privée, qui sait mieux que le public encadrer les élèves. Ou aux cours particuliers payants, qui sont devenus une industrie dans notre pays. Du primaire au supérieur. Évidemment, cela ne fait qu'accentuer la fracture scolaire.

J'évoque cette question avec d'autant plus de liberté que mes enfants ont fait tout leur parcours dans l'enseignement public. Pour moi, la qualité des enseignants, ou celle des chefs d'établissement, n'est pas en cause, bien au contraire, mais ils sont bridés par un système soi-disant égalitaire, qui ne l'est plus qu'en façade. Ouvrons donc les yeux et donnons à notre enseignement public tous les outils et la souplesse nécessaires pour faire aussi bien, et même mieux, que l'enseignement privé.

Durant sa campagne, François Hollande a voulu faire naître un espoir pour tous ceux qui n'ont que l'école pour s'en sortir. Espoir déçu. On est loin des solutions mises en œuvre partout en Europe. Il faut croire que son discours était avant tout électoraliste. Et tactique. Sa promesse de recrutement de 60 000 enseignants supplémentaires, annoncée durant les primaires socialistes, n'avait qu'un but : symboliser son engagement à gauche. C'était un marqueur populiste pour contourner Martine Aubry sur sa gauche. Un marqueur ! Comme sa promesse de rétablir la retraite à soixante ans. Comme l'instauration d'un impôt de 75 % pour les revenus excédant un million d'euros. Le message était identique : non, François Hollande n'est pas un énarque modéré, un technocrate deloriste ; oui, il savait entendre battre le cœur de la gauche.

La réalité ? Cette promesse cachait le vide sidéral de sa réflexion sur l'école, le savoir, la réussite, l'égalité des chances. Pour tous ceux qui ont soif de justice et foi dans l'école de la République, j'imagine, quelle déception !

15

En finir avec les stages

Ils avaient débarqué l'air un peu étonné dans mon bureau de l'Assemblée nationale. C'était en 2005, j'étais alors jeune députée des Yvelines et porte-parole de l'UMP. Lorsqu'ils avaient envoyé une lettre à l'ensemble des parlementaires pour dénoncer la précarité des stagiaires en entreprise, les jeunes activistes de Génération précaire ne pensaient pas être reçus par une élue de droite. Ils me le dirent d'ailleurs sans fard : « On pensait intéresser les députés de gauche. »

J'avais été particulièrement sensible à leur démarche parce que, dans ma circonscription, j'avais été saisie de ce sujet à plusieurs reprises par des habitants qui se plaignaient de ce que leurs enfants travaillaient gratuitement pendant des mois pour des entreprises. Et ce, dans tous les secteurs : culturel, audiovisuel, informatique, distribution, professions libérales. Cette pratique n'a cessé de perdurer car les jeunes ont besoin de ce sésame : une expérience professionnelle. C'est indispensable pour certains diplômes, mais c'est surtout le seul moyen de décrocher, un jour, un vrai contrat de travail.

Cela me scandalise. Mais c'est le paradoxe français : un droit du travail ultraprotecteur et une armée de précaires ; car, en réalité, la rigidité du marché bloque le système et exclut les plus faibles : les jeunes, les seniors, les chômeurs. La nature quasi sacrée du contrat à durée indéterminée rend très difficile tout licenciement. Du coup, les chefs d'entreprise, les artisans hésitent à recruter, de peur de ne pouvoir revenir en arrière, en cas de difficulté. Et ils préfèrent avoir recours à l'intérim, à des contrats à durée déterminée et à des stages. D'une certaine manière, trop d'acquis sociaux peuvent tuer les droits sociaux. Quoi qu'il en soit, tout cela a généré une société « kleenex » ultraprécaire.

Cette question a été étudiée par de nombreux économistes. Mais les politiques n'osent pas s'en emparer. Le sujet est très sensible. Quoi, remettre en cause certains « acquis » pour améliorer la situation de tous ceux qui se trouvent exclus du système et tentent de s'y faufiler ? On a toujours, en France, fait le choix d'un chômage élevé, en refusant de considérer le marché du travail comme un marché ! Avec une possibilité d'ajustement.

Il y a un vrai tabou. En attendant, que répondre à cette étudiante en BTS de secrétariat, stagiaire, avec une camarade de promotion, dans une PME, qui, après avoir brillamment décroché son diplôme, découvre que son employeur ne l'embauche pas, mais renouvelle le stage de sa camarade qui, elle, redouble ? Ce n'est pas admissible. Il faut certes assouplir le droit du travail, mais il faut aussi mettre des garde-fous pour que les entreprises ne fassent pas un usage détourné de la pratique des stages.

De fil en aiguille, je me suis investie dans cette question du statut des stagiaires, et des progrès ont été faits. D'abord sous le gouvernement Villepin, en 2006. Une charte nationale des stages a été adoptée, prévoyant un meilleur encadrement, une durée maximale de six mois et une gratification obligatoire à partir de trois mois. Mais le stage restait une zone de quasi-non-droit.

Ensuite, quand je suis devenue ministre de l'Enseignement supérieur, j'ai pris des mesures pour améliorer les ressources des étudiants. En défiscalisant entièrement le travail étudiant pour que leurs salaires ne viennent pas amputer leurs bourses ou leurs aides au logement. J'ai créé des vrais postes pour les étudiants au sein des universités pour des travaux de bibliothécaire ou de tutorat, avec de vrais contrats de travail. En me heurtant à une opposition syndicale forte : ne risquions-nous pas de remplacer des personnels statutaires par des étudiants ? J'ai réussi à convaincre les organisations étudiantes qu'elles avaient tout à y gagner et les syndicats de personnels se rendirent à l'argument.

Restait la question des stages que j'ai remise sur le tapis. J'ai commencé par créer un comité des stages et de la professionnalisation des cursus, coprésidé par Geoffroy Roux de Bézieux et Daniel Laurent, un entrepreneur et un ancien président d'université. Et on a commencé à négocier avec le Medef. Ce ne fut pas simple. Il a fallu s'y reprendre à plusieurs fois. Mais nous avons fini par obtenir que, dès deux mois, les stages soient rémunérés à 40 % du Smic, sans aucune charge sociale. Et puis, en cas de dépassement de ce montant, les charges sociales ne seraient calculées que sur cette partie, et seulement celle-là. Cela peut paraître technique, mais c'est en réalité très concret. Je prends un exemple : une entreprise qui distribue des tickets-restaurant va, en raison de cet avantage en nature, dépasser la barre des 40 %. Elle pourrait donc se voir imposer par l'Urssaf de payer des cotisations sur l'intégralité des gratifications de ses stagiaires...

En même temps que nous travaillions à la gratification des stagiaires, je tentai d'imposer (en vain) l'inscription d'un stage obligatoire de trois mois dans tous les cursus de licence. Et je défendis bec et ongles (toujours en vain) la possibilité de faire une « année de césure professionnelle » dans les cursus universitaires. Je considère en effet qu'il est efficace et utile de mixer apprentissage théorique et expérience sur le terrain. Que c'est une chance pour les jeunes de s'insérer très tôt dans le monde du travail. On le voit très bien avec les écoles qui pratiquent l'alternance : une fois diplômés, les élèves trouvent beaucoup plus facilement un emploi. Je n'obtins finalement des syndicats que la « possibilité » de faire un stage en licence, mais pas l'obligation. Stage limité à six mois, ce qui n'est déjà pas si mal. En revanche, je n'ai pas réussi à faire passer le concept d'année de césure. Les syndicats restent méfiants. Ils considèrent toujours les stages comme un travail déguisé, au rabais.

Enfin, j'ai fait interdire tout stage « hors cursus » de formation. En clair, interdiction de prendre en stage un jeune déjà diplômé qui a toutes les qualifications requises pour le poste qu'il doit occuper, alors qu'il devrait être recruté avec un contrat de travail.

Malheureusement, toutes ces bonnes initiatives n'ont pas empêché certaines dérives. Pour contourner ce dispositif, nombre d'entreprises demandent à de jeunes diplômés de se réinscrire dans un cursus de formation, plus ou moins « bidon », pour pouvoir obtenir une convention de stage et les faire travailler pour 40 % du Smic sans les charges ! C'est un véritable détournement de procédure.

J'ajoute que de nombreuses professions ont institutionnalisé le système. Elles réduisent leurs coûts grâce à un volant de stagiaires qui effectuent le travail de salariés juniors. Je ne citerai aucun secteur d'activité, ils sont très nombreux et ils se reconnaîtront.

Mais que faire alors ? Les employeurs demandent une expérience professionnelle préalable à l'embauche. Et les jeunes ont besoin de stages pour se former. On tourne en rond. Les jeunes de Génération précaire argumentent que les stages sont un ovni juridique, et exigent qu'ils soient transformés en contrats de travail classiques, à durée déterminée, avec les droits sociaux qui y sont attachés. Mais cela reviendrait à renchérir considérablement le coût des stages, à les rigidifier aussi, avec toutes les conséquences que cela comporte : impossibilité d'y mettre fin si l'étudiant ne convient pas, risques de contentieux, prud'hommes... Il est certain que, dans cette hypothèse, les entreprises ne s'embarrasseraient plus de la responsabilité de former des jeunes totalement inexpérimentés. D'autant que la formation des stagiaires, lorsqu'elle est bien faite, prend du temps, et donc a un coût pour les entreprises. Dans le contexte actuel de 26 % de chômage des jeunes, ce serait purement et simplement dramatique.

Je pense que pour sortir de cette impasse – l'ultra-précarité comme seule réponse à la rigidité du droit du travail – il nous faut carrément inventer autre chose. Et en finir avec la notion de stage, si typiquement française. Le stage doit disparaître. Et on doit proposer aux jeunes un vrai contrat, d'un type nouveau, mi-travail, mi-formation, qui leur ouvrirait les droits sociaux auxquels ils aspirent (retraite, maladie, etc). Mais un contrat qui, compte tenu de son coût pour l'entreprise, ne serait soumis à aucune charge sociale jusqu'à 60 % du Smic, et qui pourrait être résilié de la même manière qu'un stage, c'est-à-dire à la demande de l'une ou l'autre partie. Ce contrat-formation d'un minimum de deux mois s'adresserait à tous les étudiants et serait valorisé dans tous les diplômes, tout en étant reconnu comme un vrai travail.

Ce dispositif comporterait des obligations de formation pour l'entreprise, avec un suivi du jeune recruté. Il ne pourrait être conclu qu'avec un étudiant en formation ou diplômé depuis moins d'un an. Ainsi, tous les titulaires d'un diplôme – du CAP au master – pourraient acquérir une expérience pratique dans l'entreprise. Cela valoriserait leur cursus et représenterait une véritable avancée des droits des stagiaires. Ceux-ci seraient mieux rémunérés et surtout on reconnaîtrait leurs périodes de contrat-formation comme une véritable expérience professionnelle. Avec des trimestres intégrés dans le calcul de leur retraite. Et la société française se grandirait à mettre fin à cette pratique des stages sous-rémunérés qui est l'étape ultime de la précarisation de la jeunesse.

Je sais que cette proposition ne fera pas l'unanimité. Certains chefs d'entreprise affirmeront, dans un jeu de rôle désormais bien réglé, que si l'on rigidifie trop le système, ils ne prendront plus de stagiaires. Pourtant, à l'étranger, la notion de stage n'existe pas et ils embauchent des jeunes, non ? Certains syndicats dénonceront un contrat au rabais, inacceptable au regard du droit du travail. Alors que ce serait une avancée sociale considérable pour tous les stagiaires. En mettant en place de tels contrats, la société, dans son ensemble, ferait preuve de solidarité à l'égard de la jeunesse, puisque ces salaires ne seraient pas soumis à charges sociales, alors que les bénéficiaires auraient accès aux droits. Et il faut tout de même admettre que la plupart des jeunes qui arrivent dans une entreprise ont besoin d'un certain temps pour compléter leurs connaissances théoriques.

Dans le même temps, ce contrat-formation serait l'outil idéal pour développer les formations en alternance à tous les niveaux de qualification. J'ai mis toute mon énergie, durant mon passage au ministère de l'Enseignement supérieur, à rapprocher les universités du monde de l'entreprise, y compris en sciences humaines. C'était parfois la rencontre de deux mondes parallèles qui jusqu'alors s'ignoraient. Ainsi, quand j'ai lancé l'opération Phénix, avec une quinzaine d'entreprises, pour le recrutement de médiévistes, d'archéologues, d'historiens ou de philosophes comme consultants, chargés de clientèle ou chefs de produits, on a senti un véritable choc des cultures ! Certains enseignants-chercheurs dissuadaient même leurs étudiants de postuler en leur disant qu'ils « allaient y perdre leur âme ». Des ponts ont été lancés durant ces cinq ans. Mais ils restent à consolider.

Malheureusement, je constate aujourd'hui que la nouvelle loi sur l'université isole les personnalités du monde économique au sein des conseils d'administration des établissements : ils ne sont désormais plus que deux sur trente-six, dont obligatoirement un représentant des syndicats de salariés ! Toute la défiance à l'égard de l'entreprise s'exprime ici. Je redoute d'assister à un mouvement de repli du monde universitaire sur lui-même, qui serait dramatique pour la qualité des formations et leurs débouchés dans le monde du travail. J'ajoute que c'est aussi un contresens pour la gestion quotidienne des universités, à laquelle des personnalités venues du privé pourraient apporter un regard neuf. Dans ce domaine aussi, je regrette de n'avoir pas pu aller assez loin. Mais les résistances – je les ai décrites plus haut – étaient immenses.

Regardons l'Allemagne. L'alliance entre éducation et entreprise y est gravée dans le marbre. Outre-Rhin, l'alternance est même un droit ! Alors qu'en France les jeunes galèrent pour trouver une entreprise qui veuille bien les prendre. Mais, on le sait, les partenaires sociaux allemands font preuve d'un très grand pragmatisme en matière d'emploi.

En tout cas, ce qu'ils appellent les « mini-jobs » sans charges sociales et le choix résolu de l'apprentissage portent leurs fruits en matière d'insertion professionnelle des jeunes. En Allemagne, le taux de chômage des jeunes est de 7,7 %. Chez nous, il a dépassé les 26 %. De quoi méditer, sans dogmatisme ni idéologie.

16

Emploi : plus de liberté...

Dès le début du quinquennat, François Hollande et le gouvernement de Jean-Marc Ayrault ont donné de mauvais signaux au monde des entrepreneurs et des investisseurs. Notamment en leur assénant un choc fiscal sans précédent. Le gouvernement a tellement chargé la barque qu'en septembre 2012, les intéressés ont réagi, et notamment les jeunes entrepreneurs de la nouvelle économie, qui se sont surnommés les « pigeons ». Le gouvernement avait en effet prévu de taxer les plus-values de cessions mobilières – en clair le produit de la revente de parts de société – au même barème que l'impôt sur le revenu. Les « pigeons » ont immédiatement fait valoir que de tels taux risquaient de décourager les entrepreneurs eux-mêmes, mais aussi tous ceux qui souhaitaient investir dans leurs projets.

Leur mobilisation, abondamment relayée sur le Web et les réseaux sociaux, a payé. En quelques jours, ils ont réussi à se faire entendre. Le gouvernement a annoncé qu'il allait les rencontrer et revenir sur ce dispositif qui, il faut bien le dire, était totalement aberrant. Après des mois de bataille acharnée, nos « pigeons » ont gagné la partie ! François Hollande a capitulé en rase campagne et a même fait voter rétroactivement un régime fiscal des plus-values de cession encore plus favorable que celui qui prévalait avant son arrivée au pouvoir. Sous Nicolas Sarkozy ! Quel retournement de situation…

J'avais personnellement demandé à Pierre Moscovici, en commission des Finances au Parlement, s'il avait fait une étude sur l'impact économique de la mesure. Il m'avait simplement répondu qu'il était logique de taxer de la même manière les revenus du capital et ceux du travail. Se contentant de relayer la doxa. Une telle assertion peut sembler frappée au coin du bon sens. Après tout, effectivement, pourquoi les revenus du capital seraient-ils moins taxés que les revenus du travail ? Pourquoi privilégier les capitalistes plutôt que les salariés ? En réalité, cette perception des choses est totalement erronée.

Le gouvernement l'a d'ailleurs en partie reconnu, puisqu'il a accordé une fiscalité inférieure à celle du travail aux entrepreneurs qui cèdent leurs parts dans l'entreprise qu'ils ont créée. Ces capitalistes ont pris des risques, engageant souvent toutes leurs ressources, s'endettant lourdement, se privant de salaires et de congés pendant des années, pour créer leur entreprise. Ils ont eu des idées neuves. Ils ont créé des emplois. Ils n'avaient pas de filet de sécurité, de parachute, d'assurance chômage. Il est logique qu'ils touchent les dividendes de leur audace et de leur travail. Pourquoi les pénaliser ? D'autant que, dans un monde globalisé, aux frontières ouvertes, il serait absurde que la France traite moins bien les plus audacieux et créatifs de ses citoyens, sans risquer de les voir s'expatrier pour entreprendre ailleurs.

Mais si les créateurs d'entreprise ont su convaincre le gouvernement, grâce à leur influence médiatique, de modérer la fiscalité de leurs plus-values, ce n'est pas le cas pour les petits épargnants. Pour eux, la règle d'airain fixée par le Président demeure : les dividendes de leurs actions seront taxés au taux marginal de l'impôt sur le revenu. Cela veut dire que, pour certains d'entre eux, la fiscalité va passer de 20 % jusqu'à... 45 %.

Simple mesure d'équité, avancent – angéliques ? – les ministres et les parlementaires de la majorité, qui considèrent que les plus riches doivent participer à l'effort en ces temps de crise. De mon point de vue, c'est une analyse à courte vue, purement politique, et un non-sens économique. Car l'essentiel, c'est tout de même d'orienter l'épargne vers l'entreprise, l'économie, la création d'emplois. Or François Hollande, qui pourtant ne cesse de répéter que l'emploi est la priorité, a fait l'inverse : il a commencé par déplafonner le livret A, une épargne totalement défiscalisée. Une mesure qui a détourné plusieurs milliards des placements plus risqués. Un couple se situant au plafond du livret A pouvait déjà posséder 30 000 euros d'épargne réglementée. Fallait-il vraiment l'encourager à augmenter celle-ci au détriment de placements plus risqués ? Je pense que ce fut une grave erreur. Et l'alourdissement de la fiscalité pour les plus-values de cession a achevé de décourager les Français d'investir dans le capital des entreprises. Le chef de l'État a fait le contraire de ce qui est nécessaire à notre économie.

Comment avons-nous pu arriver à un tel contresens ? Tout simplement parce que le principe selon lequel « les revenus du capital doivent être taxés au même taux que les revenus du travail » fait mouche dans l'opinion même s'il repose sur une lecture erronée des réalités. L'épargne des Français, c'est deux choses : soit un salaire, qui a déjà été taxé avec l'impôt sur le revenu, et il est donc absurde de le taxer deux fois, soit un héritage, dont le gouvernement pourrait choisir d'augmenter la fiscalité, s'il veut rétablir une plus grande équité entre les ménages. On pourrait même aller plus loin : les dividendes, les revenus de l'épargne ont déjà été taxés, avec l'impôt sur les sociétés, au taux de 33,4 %.

En décidant d'aligner la taxation du capital sur celle du travail, le gouvernement pousse en réalité les épargnants à investir dans des produits exonérés de fiscalité ou à fiscalité réduite, comme le livret A, l'assurance vie, ou encore dans l'immobilier. Et c'est en partie pour cela que notre économie ne trouve pas les financements nécessaires.

Aujourd'hui, la fiscalité sur les dividendes est, en Allemagne et en Belgique, de 25 %. En Italie de 20 %, en Espagne de 27 %. Quant aux plus-values pour cession de titres, elles sont taxées à 25 % en Allemagne, mais exonérées en Belgique. En France, avec les prélèvements sociaux et l'éventuelle contribution pour les hauts revenus, le taux d'imposition pourra atteindre 62 %... Pourquoi les réflexes politiques l'emportent-ils toujours sur la logique économique et l'intérêt général ?

L'aboutissement de la logique socialiste, c'est la Banque publique d'investissement. Pour compenser l'absence de financement venu du privé ! La BPI, dont le conseil d'administration est quasi exclusivement composé d'énarques, qui n'ont pas tous, j'imagine, une connaissance innée ni acquise des subtilités du capital-risque ou de l'entrepreneuriat.

Ne serait-il pas plus simple et plus judicieux de s'en remettre aux épargnants eux-mêmes, en les incitant à placer leur argent en Bourse par un prélèvement forfaitaire incitatif ? À un moment, si on croit à l'économie de marché, comme le prétend le gouvernement, on la fait fonctionner correctement. Plutôt que d'inventer des usines à gaz vouées à l'échec.

Le décalage avec nos voisins est frappant. Partout on développe ce qu'on appelle la « finance participative », qui consiste à mobiliser d'éventuels investisseurs, via Internet, pour financer des projets (« crowdfunding »). Ce n'est pas le chemin qu'a choisi la gauche. Par idéologie. À tort.

Mais si les « pigeons » ont gagné la bataille, les « poussins », eux, risquent de la perdre. Le gouvernement de François Fillon, à l'initiative d'Hervé Novelli, a créé un régime d'entreprise ultrasimple qu'on a appelé les auto-entrepreneurs. Le succès a été immédiatement au rendez-vous puisque, en février 2013, on comptait 895 000 auto-entrepreneurs actifs, pour un chiffre d'affaires de 1,5 milliard d'euros. Et, il faut bien le dire, ce statut a permis de donner une base légale à des prestations bien souvent effectuées en travail dissimulé.

Alors certes, il peut y avoir des abus. Les socialistes estiment que ce statut dérogatoire permet d'échapper aux règles du droit du travail. Pas faux, car, avouons-le, compte tenu des difficultés financières des entreprises et de la rigidité du marché du travail, certains chefs d'entreprise m'ont dit avoir recours à l'auto-entrepreneuriat plutôt qu'au salariat ! Mais la véritable solution n'est-elle pas de redonner plus de souplesse, au lieu de verrouiller davantage ?

On a aussi fait valoir que les auto-entrepreneurs faisaient une concurrence déloyale à certaines entreprises artisanales. C'est à la fois vrai et faux. Certains artisans me disent qu'ils sont heureux de trouver des auto-entrepreneurs pour réaliser des travaux d'entretien peu rémunérateurs, d'autres s'en plaignent. Pour le gouvernement, dans le doute, mieux vaut revenir en arrière et tout compliquer, au risque de voir les auto-entrepreneurs disparaître. Au détriment aussi du consommateur ?

Arrêtons de mettre de la bureaucratie là où il n'y en avait pas. À force de réglementation tatillonne et restrictive, le gouvernement risque de tuer une des vraies réussites du quinquennat précédent. Le statut d'auto-entrepreneur a rendu leur dignité à des centaines de milliers de Français qui refusaient la fatalité de revenus d'assistance. Et contribué à créer de la richesse.

Dans le fond, plus j'y réfléchis, plus je me dis que la société française a un problème avec la liberté. La droite française n'est pas libérale au sens anglo-saxon du terme, et ne le sera jamais, même si la gauche essaye d'en faire une caricature ultralibérale dans ses meetings. Nous avons gouverné pendant les dix dernières années, et nous n'avons cessé de renforcer les filets de protection de notre modèle social. Tout en faisant, il est vrai, des économies, en tentant de responsabiliser les bénéficiaires, en luttant contre la fraude. Loi de 2005 sur le handicap, augmentation de l'allocation d'autonomie des handicapés, augmentation du minimum vieillesse, dixième mois de bourse aux étudiants, revenu de solidarité active... Durant la crise que la France a traversée, Nicolas Sarkozy, si souvent caricaturé en « président des riches », a en réalité toujours été attentif à la situation des plus fragiles. J'espère que bientôt des statistiques étudiées sans a priori le révéleront et permettront de réhabiliter ce volet social du quinquennat.

Non, la droite française n'est pas ultralibérale. Pas du tout, même ! Elle est plus sociale que la plupart des partis conservateurs des autres pays d'Europe. Et c'est un motif de fierté. Rappelons de nouveau qu'avant de redistribuer, il faut créer de la richesse. Et au cœur des valeurs que nous devons défendre, il y a la liberté. Notamment la liberté d'entreprendre.

Pour sortir ce pays de la crise, de l'apathie, du doute, créer un environnement fiscal et social stable, et favorable à la création d'entreprise, à l'initiative, est indispensable. C'est pour cela que les statuts de la jeune entreprise innovante et de l'auto-entrepreneur doivent à mes yeux être sanctuarisés. De même que l'astucieuse réduction d'impôt sur la fortune, instaurée par la loi Tepa, pour les placements dans le capital des PME. C'est aussi pour cela que nous devons adopter la règle d'or fiscale que j'évoquais plus haut : empêcher de modifier un impôt plus d'une fois tous les cinq ans, pour permettre aux décisions d'investissement de se prendre dans un contexte stable et prévisible. C'est pour cela aussi que nous devons inciter les épargnants à financer les entreprises.

La question de la liberté se pose également dans toute une série de professions dont l'accès est soumis à un numerus clausus : les professions réglementées. Ainsi, est-il vraiment compréhensible, acceptable que seuls 20 % des élèves qui présentent le concours de médecine chaque année soient admis, alors que nos campagnes, nos maisons de retraite et nos hôpitaux manquent de médecins ? Et ne fonctionnent plus que grâce à des médecins étrangers ? Savez-vous que la Belgique a été obligée de mettre des quotas d'accueil pour les étudiants français dans ses facs de médecine, parce qu'ils avaient souvent de meilleurs résultats que les étudiants nationaux mais repartaient immédiatement, le diplôme en poche, se réinstaller en France ?

Le numerus clausus médical a été considérablement relevé, mais il me semble que ce n'est pas suffisant. Et que nous devrions avoir une réflexion un peu différente, partant des besoins des territoires. On pourrait notamment proposer davantage de postes aux jeunes acceptant d'aller s'installer dans des zones en pénurie pendant cinq à dix ans. Je sais l'hostilité des syndicats de médecins à cette atteinte à la liberté d'installation, mais j'avoue que le système actuel me paraît sans queue ni tête. Ainsi, dans mon village de Corrèze, j'ai rencontré une médecin roumaine, à qui la municipalité avait proposé un cabinet médical et un logement tout neufs pour venir s'installer. Au bout de six mois, elle a tout plaqué parce que l'hiver était trop rigoureux. Quel gâchis ! Ne vaudrait-il pas mieux donner leur chance à des jeunes issus du Limousin ?

De nombreux États, pour favoriser la croissance, ont supprimé les barrières à l'entrée d'un certain nombre de professions dites réglementées. Pharmaciens, coiffeurs, chauffeurs de taxis... Le rapport de Jacques Attali prônait d'ouvrir ces métiers. Et c'était dans le programme initial de Nicolas Sarkozy en 2007. Nous ne l'avons pas fait, ou si peu. François Hollande, de son côté, a commandé un rapport à l'inspection des Finances sur la faisabilité et les bénéfices d'une telle réforme en termes d'emplois. Le rapport – trop explosif ? – a été mis sous clé par le cabinet de Pierre Moscovici.

Pourtant la question mérite un vrai débat. Actuellement, on la résume au phénomène assez caricatural des taxis parisiens. Pas assez nombreux dans les rues de la capitale. Qu'on retrouve dans des files d'attente interminables aux aéroports de Roissy et d'Orly. Comment créer de l'emploi dans ces secteurs et en même temps baisser le coût des courses pour les voyageurs ? Si nous n'envisageons pas rapidement la bonne réforme, que va-t-il se passer ? Autolib, la location directe de voiture sans chauffeur, risque de se développer, au détriment de leur emploi. Un bon exemple des réglementations censées protéger et qui, à terme, détruisent l'emploi et l'esprit d'initiative.

Mais il y en a tant d'autres. Nous attendons donc avec impatience les conclusions, profession par profession, du rapport du ministère des Finances...

Enfin, puisqu'il est question de liberté, je veux évoquer un sujet qui me tient à cœur, le libre choix des femmes de travailler et d'avoir des enfants. La politique familiale française, on le sait, est très favorable aux femmes des classes moyennes et elle a permis d'atteindre un taux d'activité féminine très élevé. Avec un accès, sans doute unique au monde, des mères de famille au statut de cadres. Avec le quotient familial, le congé parental, des prestations généreuses pour l'accueil du jeune enfant, les emplois à domicile, les offres de garde, nous avons créé un modèle que le reste du monde nous envie. Un modèle dans lequel une femme peut avoir de l'ambition professionnelle et ne pas sacrifier ses rêves personnels. Notre politique familiale n'est pas uniquement sociale, elle est familiale, c'est-à-dire qu'elle vise à combler l'écart de pouvoir d'achat qui existe entre une famille avec des enfants et la même famille si elle n'en a pas. C'est à cette originalité française que le gouvernement est en train de porter atteinte. Sans en avoir vraiment mesuré les conséquences. Attention à ne pas renvoyer la France à la situation de l'Italie ou de l'Espagne, des pays pourtant latins comme nous, dans lesquels les femmes choisissent de ne plus faire d'enfants.

Dans un monde où le chômage et la précarité des unions installent une vraie peur de l'avenir, difficile, si on n'est pas aidée, de faire le choix inverse. Sans même parler de l'Allemagne qui est confrontée à un vrai problème démographique. L'activité des femmes est source de croissance supplémentaire, tout comme notre démographie. On ne peut pas vouloir promouvoir les femmes à des postes de responsabilités et leur couper les ailes. Là encore, sachons encourager la liberté de choix.

17

… et moins de culpabilité

Services à la personne ? Avant, on parlait de services à domicile. Dans les journaux économiques, dans les émissions de télévision, dans les réunions politiques, on en parle peu. Beaucoup moins que de l'industrie, de la banque, de l'énergie. Ce n'est pas aussi prestigieux, pas aussi stratégique, n'est-ce pas ? Pourtant, c'est un des rares secteurs où l'on recrute. Cela représente entre 1,27 et 1,9 million d'emplois, selon le mode de calcul. Et compte tenu du vieillissement de la population, de la démographie dynamique, du pourcentage élevé de femmes qui travaillent, on aura de plus en plus besoin d'aides aux personnes fragiles, d'assistantes maternelles, de gardes d'enfants, d'infirmières, de gardiens… Selon le Centre d'analyse stratégique, 660 000 à 825 000 emplois supplémentaires pourraient être créés d'ici 2030.

C'est un sujet qui me tient à cœur. Dès 2004, avant la grande loi de Jean-Louis Borloo, j'avais abordé cette question dans le cadre de l'élaboration du programme pour la campagne des régionales. Pour moi, il s'agit d'un fait de société majeur. Le travail à domicile est nécessaire et utile, à la fois en termes de lien social mais aussi en termes de création de richesses et de bien-être.

Or, sur ce sujet, je constate que nous nous sommes laissés influencer, nous la droite, par la doxa de gauche, alors que nous avions réussi à créer un environnement favorable au développement de ce secteur par le biais d'avantages fiscaux. On a cru bon, dans la majorité de l'époque, de s'attaquer au dispositif, sous prétexte qu'il profitait aux « riches ». Je l'ai sauvé, in extremis. Mais la gauche lui a porté un coup fatal.

Les aides à domicile sont inabordables pour la plupart des bourses, sans aide. Or elles sont utiles, nécessaires. Petit à petit, l'État a donc mis en œuvre des systèmes de défiscalisation. Le premier dispositif date d'ailleurs de 1991, sous le gouvernement Édith Cresson : une loi permettait déjà une réduction d'impôts sur le salaire versé à une personne pour un service à domicile.

Mais c'est surtout Jean-Louis Borloo qui s'est saisi du sujet, en 2005, dans le cadre du plan de cohésion sociale. Il a actionné deux leviers : les niches fiscales, c'est-à-dire la possibilité de défiscaliser le travail à domicile, et le chèque emploi service universel pour simplifier les démarches administratives. Ces dispositifs ont permis de créer des centaines de milliers d'emplois supplémentaires. Et cette tendance devait se poursuivre.

Or, en 2011, le ministère des Finances, à la recherche d'économies, a commencé à vouloir supprimer ou raboter les niches fiscales. Dont celle des services à la personne, qui permet de déduire en partie de l'impôt sur le revenu le coût des emplois à domicile. Elle était dans le collimateur de l'inspection des Finances, car, à ses yeux, ce dispositif coûtait trop cher au budget de l'État. Je crois que le raisonnement des inspecteurs des Finances était à courte vue. Quand, dans une entreprise, un patron embauche un salarié, il déduit l'ensemble des charges liées à cet emploi du revenu de l'entreprise. Je ne comprends pas que l'on n'applique pas ce raisonnement simple aux emplois à domicile. Un particulier employeur qui embauche une personne, que ce soit pour s'occuper de sa maison, de ses enfants ou de ses soins s'il est âgé, devrait pouvoir déduire l'intégralité des frais de cet emploi créé de son revenu déclaré.

On me répliquera que c'est un « cadeau aux riches » puisque, plus l'impôt dû est élevé, plus la déduction sera avantageuse. Ce n'est pas le sujet. Car on doit se placer systématiquement sous l'angle de l'emploi créé. Je pense que les centaines de milliers de personnes qui sont des salariés à domicile risquent, sans cette défiscalisation, soit de se retrouver au chômage compte tenu de leur faible niveau de qualification, soit, bien pire, de travailler sans couverture sociale, dans la précarité du travail clandestin. Parce qu'on le sait bien, en matière d'emploi à domicile, la sous-déclaration des salariés est devenue un sport national.

Cette sous-déclaration, outre qu'elle fait perdre beaucoup d'argent à l'État, est très préjudiciable aux employés concernés. Ils ne bénéficient du coup que d'une protection sociale très partielle en cas de maladie, d'accident grave ou de maternité. Et quand ils partiront à la retraite, sans doute très tard, ils viendront grossir le rang des retraités pauvres, faute d'avoir suffisamment cotisé. Ajoutons qu'un salarié qui n'est déclaré qu'à temps très partiel peut demander à bénéficier d'un certain nombre de prestations sociales : prime pour l'emploi, revenu de solidarité active, assurance chômage… Au final, c'est le contribuable qui paie.

Comme je suis convaincue de l'utilité sociale et de la nécessité économique de ces emplois, à l'automne 2011, je me suis battue toute une nuit, au banc du gouvernement, pour les sauver, contre les députés de ma propre famille politique !

À six mois des élections présidentielle et législatives, difficile de tenir la majorité. Chaque député voulait marquer l'Assemblée de son empreinte, étoffer son bilan. Et puis, c'était le moment de la « coproduction législative » où les parlementaires exigeaient de participer davantage aux choix politiques gouvernementaux. La bataille Fillon-Copé se profilait déjà à l'horizon.

Nombre de députés UMP avaient déjà, à cette époque, cédé au discours ambiant sur les niches fiscales, qui profitent aux plus aisés. Et comme ils étaient culpabilisés par le discours de la gauche avec son slogan du « Président des riches », ils voulaient se dédouaner. Et rendre le budget 2011 le plus équitable possible. Préoccupation que je partageais. Et d'ailleurs, comme je l'ai raconté plus haut, nous avons créé une surtaxe pour tous les Français qui gagnaient plus de 250 000 euros par an. Malgré les réticences du président de la République. Mais sur la réduction des avantages fiscaux pour les emplois à domicile, je refusais absolument de les suivre. Et j'ai donc passé une nuit à combattre les amendements de mon propre camp, les uns après les autres.

Tout était bon pour détricoter ce système d'aides qui marche ! Les députés UMP commencèrent par dire que certains de ces emplois étaient un « luxe » et ne méritaient absolument pas d'être défiscalisés. Ils voulaient faire le tri entre les « bons » emplois à domicile, strictement nécessaires à la vie des familles, comme le ménage, les soins aux enfants ou aux personnes âgées, et les « mauvais ».

Ils prirent l'exemple des soins esthétiques à domicile, symbole à leurs yeux du superflu que le contribuable ne devait pas financer. Je me suis inscrite en faux. Je leur ai parlé du village de Haute-Corrèze où j'ai mes attaches, où des femmes de plus en plus âgées vivent seules, à des kilomètres du bourg le plus proche. Leur isolement est renforcé par le fait qu'avec l'âge, elles perdent la capacité de conduire une voiture. L'une de leurs rares visites est la coiffeuse du village qui vient à domicile leur faire une mise en plis. Elle leur redonne leur dignité de femmes, leur fait parfois des courses, et surtout assure un lien social inestimable. C'est un soin esthétique mais c'est aussi un accompagnement moral. Voulaient-ils priver de clientèle les salons de coiffure du milieu rural, les obliger à fermer et les villages à se désertifier ? L'argument porta. Mais ils ne désarmaient toujours pas.

Ils ont alors pris pour cible « les coachs de chiens », personnes payées pour sortir les animaux de compagnie à la place de leur maître. Avions-nous vraiment besoin d'eux ? C'étaient, paraît-il, des emplois de « mauvaise qualité » sans vraies perspectives de carrière. Là aussi je suis montée au créneau. Je leur ai parlé de ces personnes âgées isolées dans la solitude des grandes villes, dans des immeubles de quatre étages sans ascenseur, incapables de sortir leur chien quatre fois par jour. Et de ces étudiants qui cherchent à arrondir leurs fins de mois et qui peuvent le faire en sortant régulièrement des chiens, en tondant les pelouses, en livrant les repas. « Mais qu'est-ce qu'un emploi de mauvaise qualité ? » leur ai-je demandé.

Dans certains pays, qui ont fait le choix de développer les services à domicile – et cela commence en France –, il existe des entreprises de promenades pour chiens, dans lesquelles travaillent des dizaines de salariés. Pourquoi porter un jugement moral sur un emploi qui peut se révéler utile socialement ?

Ne désarmant toujours pas, les députés UMP revinrent à la charge. Ils avaient remarqué que ma défense des emplois à domicile concernait au premier chef les personnes âgées qui en ont aujourd'hui tant besoin et qui doivent avoir le droit de continuer à vivre chez elles le plus longtemps possible. Ce qui permet, entre parenthèses, de faire faire des économies considérables à nos systèmes de protection sociale.

Du coup, ils demandèrent une suspension de séance pour se mettre d'accord sur une nouvelle grille de lecture des emplois à domicile. Ils revinrent me dire que finalement ils avaient décidé que pour les Français de plus de soixante ans, tous les emplois seraient défiscalisés (j'avais gagné, au moins là-dessus), mais que pour les moins de soixante ans, seuls les emplois indispensables (ménage, garde d'enfants et soutien scolaire) seraient déductibles. Là, j'ai poussé une grande colère. Je leur ai dit que je ne comprenais absolument pas cette nouvelle ligne de partage entre bons et mauvais emplois. Qu'à soixante ans, on était la plupart du temps en très bonne santé – je m'adressais à une assistance qui avait en moyenne largement cet âge – et que mettre une barrière d'âge n'était pas pertinent en la matière. La seule explication que je pouvais trouver était qu'ils voulaient différencier le traitement fiscal des retraités et ceux des actifs, mais si telle était leur intention, elle était particulièrement injuste !

J'invoquai alors le cas des couples actifs avec enfants, débordés par une vie de plus en plus stressante, avec de longues heures de transport quotidien, qui avaient un besoin aigu de services à domicile. Or dans le projet des parlementaires, seuls les plus aisés, ceux qui pourraient payer une femme de ménage à domicile, auraient accès aux services, et pas les autres puisqu'ils avaient exclu le portage de repas, le jardinage, le nettoyage de vêtements. Enfin, j'ajoutai que, visiblement, il y avait là une volonté de régression et une condamnation implicite du travail des femmes, qui n'auraient pas le droit de se faire aider.

In fine, à 3 heures du matin, j'emportai le morceau. La défiscalisation des emplois à domicile fut sauvée, sauvée d'une droite qui avait oublié qu'elle devait défendre la valeur travail, la liberté d'entreprendre et de créer des emplois, quels qu'ils soient. Un parcours d'insertion, c'est d'abord un travail à temps partiel, puis à temps plein, puis un contrat à durée indéterminée. Il ne faut pas céder aux lubies de la gauche, avec sa tendance à vouloir moraliser, égaliser, réglementer, au détriment des réalités de la vie.

Malheureusement, l'alternance, et la volonté du gouvernement Ayrault de raboter toutes les niches, forcément injustes de son point de vue, conduit aujourd'hui à mettre en danger les emplois à domicile. Jean-Louis Borloo avait mis en place un système efficace. Mais en baissant le plafond des défiscalisations, en supprimant les cotisations sociales « au forfait » qui permettaient d'augmenter les salaires directs des employés à domicile au-dessus du Smic sans cotisations supplémentaires, les socialistes vont provoquer des effets pervers : précarité, travail clandestin, ou pire, chômage. Ils vont stopper la progression de ces emplois. Et en même temps, ils vont renvoyer des millions de Français aux difficultés de leur vie quotidienne. Je le dis haut et fort : ces hausses d'impôts ne rapporteront pas un kopek au budget de l'État ! Les ménages adapteront leurs comportements pour ne pas payer plus. Avec les conséquences humaines que cela entraîne.

François Hollande s'en est-il rendu compte ? Lors de sa conférence de presse du 17 mai 2013, il a annoncé que les emplois d'avenir, pour les jeunes les moins qualifiés des territoires les plus pauvres, allaient pouvoir être étendus aux emplois à domicile.

Quel aveu ! Il envisage donc de subventionner à 75 % – c'est le principe des emplois d'avenir – le recrutement de salariés à domicile, après avoir renchéri leur coût. Quelle politique de gribouille, franchement ! Je doute que cela fonctionne, les procédures pour créer un emploi d'avenir étant excessivement complexes.

Une bonne fois pour toutes, cessons de politiser un sujet qui ne s'y prête pas. L'État a supprimé les charges sociales pour les salariés rémunérés au Smic dans les entreprises, il leur permet de déduire le coût de chaque salarié de leur chiffre d'affaires, alors pourquoi pas pour l'entité que représente un ménage, une famille ? Et le coût de la défiscalisation des emplois à domicile n'est pas si important au regard du gain économique et social que ceux-ci procurent. Il y a urgence à changer de regard et à sauver les emplois de services à la personne !

Il est vrai que les niches fiscales n'ont pas bonne presse. Là aussi, il y a eu des abus. Les groupes de pression sont très actifs sur ce sujet. « Derrière chaque niche (fiscale), il y a un chien », ont coutume de dire les parlementaires. Souvenez-vous de la levée de boucliers quand on a remis en cause la fiscalité dérogatoire des parcs à thème ! À la création des premiers parcs, en effet, les investisseurs doutaient de la capacité des Français à payer un droit d'entrée élevé à la journée, alors que nous avions l'habitude, dans les parcs d'attractions classiques, comme la foire du Trône, de payer uniquement à l'attraction, au tour de manège. Voilà pourquoi l'État avait accordé à ces parcs à thème un taux de TVA réduit à 5,5 % totalement dérogatoire, pour permettre leur développement. Qui en avait profité très largement ? Eurodisney qui s'implantait à l'époque en Seine-et-Marne, le Puy du Fou et le Futuroscope de Poitiers.

En 2011, la distorsion fiscale avec les autres parcs de loisirs de plein air est apparue disproportionnée à Bercy, d'autant que les Français se sont accoutumés au concept du parc à thème et ce coup de pouce pour leur développement ne semblait plus justifié. Au passage, cela coûtait tout de même la bagatelle de 90 millions d'euros par an aux contribuables. C'était sans compter sur la puissance des élus concernés. Dont Jean-Pierre Raffarin, qui craignait pour l'équilibre financier du Futuroscope. Il en a fait un véritable sujet politique, accusant le gouvernement d'instaurer une « taxe sur les pauvres ». Il appela personnellement Nicolas Sarkozy, qui, à la veille des Journées d'été des jeunes UMP, annonça que la niche des parcs à thème ne serait pas supprimée !

Il ne restait plus à François Baroin et moi-même qu'à trouver 90 millions d'euros pour compenser ce manque à gagner, et surtout à affronter les autres groupes de pression, dont nous voulions supprimer les avantages fiscaux. Tous pensaient du coup pouvoir, eux aussi, faire reculer le gouvernement...

Je ne suis ni hostile ni favorable par principe aux niches fiscales. Loin de là. Certaines sont d'ailleurs de simples mesures d'affichage politique. Ainsi, des dizaines de mesures de défiscalisation ont été prises lors du Grenelle de l'environnement, pour encourager des comportements plus écologiques. Malheureusement, elles sont compliquées, ou inconnues du grand public, et très peu de gens les utilisent. Au final, ce n'est pas très toxique car du coup elles ne coûtent pas très cher. Mais elles demeurent dans notre droit fiscal et contribuent à rendre notre fiscalité incompréhensible, complexe.

Soyons pragmatiques. Et surtout, pensons avant tout à l'emploi. Une vision trop comptable, alimentée par les fonctionnaires de Bercy, peut parfois avoir des conséquences très néfastes.

18

Éviter la guerre des générations

Aujourd'hui, 15 millions de Français ont plus de soixante ans. Soit un sur quatre. En 2050, ce sera un sur trois. Un tiers de la population ! Si on veut durablement remettre notre pays d'aplomb, on ne peut ignorer cette question de l'allongement de la durée de la vie. À quoi bon sortir de la crise, pour voir de nouveau tous nos systèmes sociaux totalement déstabilisés, faute d'avoir anticipé ? Il est indispensable d'y réfléchir, avec une vision à long terme.

De ce point de vue, je trouve particulièrement inquiétant que le gouvernement actuel ne semble absolument pas se préoccuper de cette évolution lourde de conséquences. Aucune vision d'ensemble au sommet de l'État, aucune proposition, aucune piste. Pourtant, il va bien falloir trouver des réponses à ce bouleversement de notre pyramide des âges. Retraite, santé, handicap, logement, économie du grand âge, dépendance… Les sujets ne manquent pas.

Et si les jeunes continuent à s'expatrier, ne risque-t-on pas, d'ailleurs, de devenir un pays de retraités ? D'autant qu'ils sont nombreux à venir des pays d'Europe du Nord, attirés par un climat clément, des prix de l'immobilier encore raisonnables, surtout dans la ruralité, et un système de santé parmi les plus efficaces et généreux du monde.

Je ne me résigne pas à l'idée que la France devienne un pays musée, eldorado des retraités du monde entier. Je veux une France qui attire la jeunesse, l'esprit d'initiative, l'audace d'innover. J'en ai déjà longuement parlé.

En visite à l'hôpital Bichat, dans le XVIIIe arrondissement de Paris, qui nécessite un grand projet de restructuration, le chef du pôle de cardiologie aborde ce sujet et me montre l'évolution de la courbe démographique de la France dans les vingt prochaines années. Je dois dire que, même avertie, cela m'a fait un choc de voir le graphique affiché sur le mur. Le centre de gravité du pays se déplace clairement vers l'âge de cinquante-cinq ans, la poussée des septuagénaires et des octogénaires est impressionnante, et les jeunes ne sont plus le socle de la pyramide démographique. Une pyramide qui ressemble désormais plutôt à une large colonne !

Les médecins comme les gestionnaires d'hôpitaux témoignent de manière unanime : des millions de nuits d'hôpital servent à accueillir chaque année des personnes âgées, qui ne sont pas gravement malades mais ne peuvent retourner chez elles. Ces « hospitalisations indues », comme on les appelle parfois, ont un coût très important pour l'Assurance maladie. Mais que faire dès lors qu'aucune structure adaptée – du type maisons de soins de suite, ou maisons de retraite médicalisées – ne peut les prendre en charge ?

Les progrès de la médecine, associés à l'allongement de la vie, font que désormais on va survivre à des pathologies jusqu'alors mortelles, mais à condition de rester sous surveillance médicale et avec parfois des traitements lourds. La principale source d'accroissement des dépenses de l'Assurance maladie provient aujourd'hui de ces affections de longue durée qui entraînent des charges financières considérables.

L'allongement de la vie va peser très lourd sur nos dépenses de santé. Il faut s'en réjouir : nous vivrons plus longtemps et en meilleure santé. Mais il faut gérer cette évolution.

La première des questions à résoudre est celle du financement des retraites. Le déséquilibre entre actifs et retraités s'accroît d'année en année et ne permet donc pas d'assurer un droit à la retraite à soixante ans à tous les Français. Dans l'opposition et durant la campagne présidentielle, François Hollande a joué sur les mots en faisant cette promesse. Mais elle concernait seulement ceux qui avaient commencé leur carrière très jeunes. La sémantique, encore. Qu'importe, c'était un signal, un cri de ralliement contre la droite qui, elle, avait osé repousser l'âge légal de la retraite. C'est beaucoup trop coûteux.

On ne reviendra pas à la retraite à soixante ans pour tous. Mais pour autant, il est impossible de conserver le statu quo. Et que propose le gouvernement ? Le gouvernement a annoncé une grande réforme. Une réforme structurelle, bien sûr ! Ce sera d'ailleurs la seule de ce début de quinquennat. Attendons de voir le résultat car Jean-Marc Ayrault doit d'abord en passer par une négociation avec les partenaires sociaux.

Pourtant, sur cette question décisive, on pourrait tenter d'abandonner l'idéologie et essayer d'élaborer une règle du jeu commune, droite et gauche confondues. Pour une fois. Sans dénigrer systématiquement ce que fait l'adversaire. D'ailleurs, si l'on regarde chez nos voisins, les réformes des retraites ont toutes, peu ou prou, reposé sur les mêmes principes. Et elles ont été menées indifféremment par la droite et par la gauche, le parti au pouvoir se trouvant dans l'obligation de rééquilibrer régulièrement les régimes de protection, avec l'allongement de l'espérance de vie. Ce n'est pas par pur plaisir, ni par méchanceté que nous avons dû prolonger la durée de cotisation. Il y a des chiffres, incontournables.

Quand, en 1981, François Mitterrand a fait voter la retraite à soixante ans, contre soixante-cinq ans, l'espérance de vie des hommes était de 70,4 ans et celle des femmes de 78,6 ans. Aujourd'hui que l'âge légal a été remonté à soixante-deux ans, l'espérance de vie des hommes est de 78,5 ans et celui des femmes de 84,9 ans. Il suffit de faire la soustraction : en quarante ans, les Français ont gagné six ans de retraite, payés par leurs enfants ou leurs petits-enfants...

Malheureusement, une telle évolution n'est plus possible aujourd'hui. On a atteint les limites de l'exercice. C'est une question de compétitivité. On ne peut pas augmenter encore le poids des cotisations, au risque de provoquer une guerre des générations. Et puis, à trop charger la barque, on risque de faire exploser notre modèle social. Qui dit que demain, las du coût trop élevé de notre système par répartition, certains citoyens aisés ne se tourneront pas vers le privé ? Or je suis attachée à ce système. Je veux le préserver. Mais cela exige qu'on traite vraiment le problème.

En clair : il est impossible d'augmenter les charges qui pèsent sur les entreprises, si nous voulons rester compétitifs. Il faut même les alléger. Impossible également d'augmenter les cotisations sur les actifs. Aujourd'hui, le pouvoir d'achat des actifs est déjà inférieur en proportion à celui de leurs parents au même âge. Cela signifie que nous devons nous mettre d'accord pour repousser l'âge légal du départ à la retraite en fonction de l'allongement de la durée de la vie. Il n'y a pas d'autre solution. *There Is No Alternative* !

L'âge légal de départ à la retraite doit être progressivement repoussé à soixante-cinq ans d'ici 2030. C'est la seule mesure qui aura un impact financier suffisamment fort pour rééquilibrer les régimes. La seule hausse des trimestres de cotisation ne suffit pas, financièrement. Pour réduire le déficit vraiment, il faut agir sur les deux paramètres. Au risque, sinon, pour le gouvernement Hollande de ne faire qu'une réforme inachevée.

Nous le savions déjà quand nous avons entamé la réforme d'Éric Woerth : le report de l'âge de la retraite à soixante-deux ans ne serait qu'une première étape. Mais Nicolas Sarkozy a fait preuve ici, une nouvelle fois, de ce mélange de prudence et d'audace qui a caractérisé, au fond, tout son quinquennat. Il a brisé le tabou de l'âge légal. Il fallait le faire, tant les soixante ans semblaient gravés dans le marbre depuis 1981 ! Mais il lui appartenait ensuite de trouver le bon point d'équilibre. Celui qui ne provoquerait pas une levée de boucliers d'une telle ampleur que la réforme en serait la victime et devrait être retirée. Christine Lagarde plaidait pour soixante-trois ans ? François Fillon pour davantage encore ? Ils n'avaient rien compris et risquaient de mettre la France à feu et à sang. Les décisions ultimes reposent au final sur les seules épaules du chef de l'État. J'ai vu dans ses yeux plusieurs fois cette lueur d'incertitude et de détermination mêlées de celui qui doit dire le chemin. Il a tranché. Et il a réussi. Reste maintenant à reprendre l'ouvrage là où il l'a laissé.

Le gel des pensions de retraite est une voie qui semble tenter le gouvernement Hollande. Mais les retraites complémentaires ont déjà été désindexées. Et la baisse du pouvoir d'achat des retraités constitue, pour moi, une rupture du pacte de confiance passé avec eux : ils ont cotisé, ils ont le droit à une retraite dont le pouvoir d'achat ne s'érode pas d'année en année.

Combien de fois ai-je pu constater à quel point les retraités sont angoissés par leur avenir ? Surtout ceux qui n'ont pas la chance d'être propriétaires de leur logement. La hausse constante des impôts, des taxes, des assurances, des tarifs des services publics, de l'énergie diminue continuellement leur pouvoir d'achat, quand elle ne les plonge pas dans de réelles difficultés financières. De mon point de vue, le gel des pensions de retraite est donc une solution dangereuse. Elle est profondément anxiogène et risque de paupériser une population fragile.

Enfin, il n'y aura pas de réforme juste si les efforts ne sont pas répartis de manière équitable. Cela suppose que le gouvernement ait la volonté d'harmoniser de plus en plus les différents régimes de retraite de façon à éviter que certains secteurs – essentiellement dans le public – ne bénéficient d'avantages disproportionnés par rapport aux autres.

De ce point de vue, le rapport Moreau, commandé par le gouvernement, est clairement biaisé quand il nie les besoins de financement du régime de retraite des fonctionnaires (plus de 8 milliards en 2020). Ou quand il omet de traiter de la question sensible des régimes spéciaux, qui pourtant, selon moi, doivent être associés à l'effort collectif.

Aujourd'hui, à carrière égale, le mode de calcul des retraites des fonctionnaires est beaucoup plus avantageux que celui des salariés du privé : les six derniers mois pour les premiers, les vingt-cinq meilleures années pour les autres. Il faut rapprocher les deux systèmes, en allongeant la période de référence pour les fonctionnaires. Je crains, hélas, que derrière des mesures d'apparence très technique, en réalité, la réforme lancée par Jean-Marc Ayrault n'accroisse les écarts.

Voilà donc la réforme des retraites que j'appelle de mes vœux. Elle reprend peu ou prou les systèmes existant dans les pays qui nous entourent. On devrait y ajouter la possibilité de créer des fonds de pension à la française pour inciter les jeunes travaillant dans le privé à économiser dès leur entrée dans la vie professionnelle afin de se constituer une retraite complémentaire. Paradoxe ? Ils existent déjà pour les fonctionnaires avec la Préfon. Cela permettra dans le même temps de créer des fonds de capitalisation pour mobiliser l'épargne et l'investir dans le financement de nos entreprises.

On peut aussi améliorer cette architecture, en mettant en place, pour les nouveaux entrants, un système de retraite à points qui permettrait aux salariés de transférer plus facilement leurs droits s'ils changent de métier. Je trouve qu'il faudrait même envisager, à terme, une retraite à la carte, en fonction des points acquis, des bonifications pour travaux pénibles, du nombre d'enfants, etc. Mais on n'y échappera pas : la décision clé, c'est la durée de cotisation et l'âge du départ à la retraite. Il faut admettre, sans ambiguïté, que si l'on vit plus longtemps en bonne santé, on doit travailler plus longtemps.

L'équilibre de notre système de protection sociale dépend également de notre capacité à gérer la question de la dépendance. Et à réduire nos coûts, tout en prodiguant des soins de qualité. De ce point de vue – encore une fois ! –, regardons ce qu'ont fait nos voisins. Avec pragmatisme.

Il faut, pour commencer, créer des maisons de soins de suite, à proximité des hôpitaux et dans les territoires ruraux. Réduire le nombre d'hospitalisations indues des personnes âgées nous permettra de financer de nouveaux accompagnements à domicile. Ce devrait être le premier axe d'un plan pour la prise en charge des personnes âgées en risque de dépendance.

Et puis, chez nos voisins, notamment anglais, une évolution est en cours dans l'organisation des soins. Je la trouve intéressante. Elle consiste à confier aux infirmières des responsabilités qui reposaient sur le médecin : suivi de certaines maladies chroniques, actes de prévention. Cela coûterait beaucoup moins cher et leur donnerait des perspectives de carrière intéressantes.

Malgré cela, nous n'y échapperons pas, il faudra mettre en place une assurance pour couvrir le risque de dépendance. Le financement de ce qu'on appelle le cinquième risque de Sécurité sociale a un coût. C'est pour cela que nous devons être très vigilants sur les économies à faire dans notre système de prise en charge. Sinon, comme ce fut le cas avec les aides au logement, qui ont provoqué une hausse des loyers, une augmentation des moyens alloués aux personnes dépendantes pourrait être absorbée dans une hausse de tarifs des maisons de retraite !

À cet égard, je suis très inquiète des décisions qui ont été prises en matière de politique familiale. D'expérience, notamment en tant que rapporteur de la mission famille au Parlement, je sais que les solidarités familiales sont les moins coûteuses pour le budget de l'État. Si l'on compare les 500 euros mensuels de gratification d'un congé parental au coût mensuel d'une place en crèche, ou la défiscalisation d'un emploi à domicile avec le coût d'une place en maison de retraite, on s'aperçoit assez vite qu'il est préférable de mettre en place une aide « aux aidants » et d'encourager leur investissement personnel auprès d'un proche, qu'il s'agisse d'un enfant en bas âge, malade ou handicapé, ou d'un aîné en fin de vie.

Et je suis favorable à la mise en place d'un congé de solidarité familiale sur le modèle du congé parental, pour permettre à un actif de s'occuper d'un parent handicapé ou malade. Ce nouveau droit, coûteux en apparence, serait au contraire, j'en suis sûre, source de grandes économies pour l'Assurance maladie.

Dans les investissements d'avenir que Nicolas Sarkozy avait lancés avec le grand emprunt et que François Hollande veut poursuivre, il y avait tout un volet de recherche liée à ces thématiques du vieillissement et des handicaps associés au grand âge. Je me souviens d'ailleurs de l'impatience du président de la République, qui présidait lui-même les réunions sur le plan Alzheimer, dont il avait fait un « grand chantier présidentiel ». Il ne cessait de questionner les chercheurs sur l'avancée de leurs découvertes, frustré quand celles-ci, pourtant saluées internationalement, ne permettaient que de mieux comprendre les facteurs de développement de la maladie mais pas encore de la soigner...

Rien n'insupportait plus Nicolas Sarkozy que de se sentir impuissant à résoudre un problème, et cette maladie, qui résistait à tout malgré l'ampleur des moyens financiers et humains déployés, le rendait fébrile. « Quand pouvons-nous espérer les premiers traitements ? » interrogeait-il à chaque réunion, conscient de l'angoisse dans laquelle les progrès du dépistage de la maladie plongeaient les malades dépourvus d'espoir de guérison. Je me souviens aussi de sa fureur quand il découvrit que comme la compétence de la formation professionnelle des personnels paramédicaux avait été transférée aux régions (socialistes), aucune formation spécifique de professionnels en matière d'Alzheimer n'avait encore été lancée... Notre millefeuille administratif est décidément une aberration : les maisons de retraite dépendent des départements, la formation de leurs personnels, des régions, et les hôpitaux, des communes ou de l'État ! J'en ai tiré la certitude que nous ne nous en tirerions que par une simplification à la hussarde !

L'allongement de la vie va créer des milliers d'emplois. Il faut nous y préparer. Or nous n'avons pas encore adapté nos formations. Des filières industrielles entières peuvent naître ou se développer. Je pense en particulier à la filière robotique, aux applications numériques... À New York, des dizaines de start-up ont été créées et sont en train de bouleverser le système de santé, avec des applications adaptées à chaque pathologie. Les États-Unis, Israël sont très en pointe sur ce qu'on appelle la e-santé, qui va révolutionner les systèmes de santé. Pourquoi pas nous ?

Ce sujet justifierait une mobilisation d'ensemble de la recherche, des grands groupes et des jeunes entrepreneurs, sous l'égide, par exemple, de la nouvelle Banque publique d'investissement en faveur de cette « économie des cheveux argentés », comme on l'appelle chez nos partenaires anglo-saxons.

De nombreuses questions éthiques sont liées à celles du vieillissement : dignité de la personne face à des maladies qui dégradent les facultés mentales ou physiques, prévention des abus de faiblesse. Mais la question la plus fondamentale est celle du choix de notre fin de vie. Nous l'avons déjà abordée lors de la mission dirigée par Jean Léonetti. Cela avait permis de lever le voile sur les dérives de l'acharnement thérapeutique, l'isolement des personnels soignants et la nécessité de développer en France les soins palliatifs.

François Hollande, durant la campagne de 2012, a relancé le sujet, en s'engageant dans le sens de certaines associations qui réclament un droit au suicide assisté. Pour l'heure, échaudé par le vote de la loi sur le mariage pour tous, le gouvernement semble avoir relégué ce sujet dit sociétal. Je pense néanmoins que nous ne pourrons pas faire l'économie d'un tel débat dans les années à venir. Sur ce sujet, nous devons définir une ligne claire, fondée sur des convictions morales et éthiques. Pas sur des positionnements partisans.

J'ai été rapporteur de la loi bioéthique de 2004. Ces sujets qui font appel à chaque conscience me passionnent. Ils sont au cœur d'un engagement politique. Comment traduire en lois une douleur humaine ? Comment agir face à certains tabous, pour décider ce qui est légalement acceptable dans notre société ? Et nous nous honorons d'avoir, sur ces sujets, des convictions fortes. Responsables. À l'unanimité, au Parlement, sur tous les bancs, fidèles à la tradition humaniste de la France, nous avons refusé la marchandisation du corps, imposé que le don d'organe soit anonyme et gratuit, que l'on ne puisse breveter des gènes humains, nulle part en Europe. Nous avons refusé les mères porteuses, toujours au nom du même principe de « non-marchandisation » des corps, en prenant en compte les risques physiques et psychologiques qui pesaient sur la mère porteuse comme sur l'enfant. Et, sous l'influence de la droite, pour l'heure, nous avons refusé l'extension de l'aide médicale à la procréation pour des stérilités qui n'étaient pas médicales mais sociales (femmes seules ou couples de femmes) car nous craignions une dérive du « droit à l'enfant ».

Quelle doit être la réponse à cette question lancinante de la déchéance qui accompagne la fin de vie ? Je ne peux bien sûr y répondre qu'en mon âme et conscience. La loi Léonetti de 2005 a constitué un grand pas en avant, et son vote à l'unanimité par le Parlement a montré qu'à l'époque elle constituait un point d'équilibre dans lequel toute la société française pouvait se reconnaître. Mais je suis désormais persuadée qu'il faudra aller plus loin. Je reste profondément, intimement opposée à l'assistance légale au suicide telle qu'elle se pratique dans certains pays proches des nôtres. Celle que Michel Houellebecq décrit avec une lucidité glaçante dans son roman *La Carte et le Territoire.* Personne ne peut s'arroger dans une société civilisée le permis de tuer. Mais la médecine peut désormais maintenir les personnes en vie pendant de longues semaines, de longs mois, alors même que leurs souffrances physiques ou psychiques sont inhumaines.

Pour avoir vécu et accompagné des situations de grande détresse, qui ne feront que se multiplier à l'avenir, je crois que les patients en phase terminale d'une maladie incurable, dont les traitements ne suffisent plus à apaiser les insupportables souffrances physiques et morales, doivent avoir le droit de demander à l'équipe médicale qui les suit une sédation profonde et terminale.

Il faudra bien sûr que ce nouveau droit des malades soit soigneusement encadré pour éviter tout risque d'abus de faiblesse et que le personnel soignant prenne en la matière une décision collégiale, là encore, pour éviter toute dérive personnelle. Mais je crois que cette proposition, qui a recueilli un avis favorable de l'ordre des médecins et de Didier Sicard, ancien président du Conseil national d'éthique, devra être mise à l'ordre du jour du Parlement.

19

L'immigration, sans naïveté

Le 20 septembre 2011, alors que je participe à une conférence-débat sur l'état des finances de la France dans un amphi d'HEC, je suis violemment prise à partie par deux élèves, un Marocain et un Libanais, scandalisés par la circulaire de Claude Guéant sur les conditions d'accueil des étudiants étrangers. « Nous avons choisi la France, fait deux ans de prépa, et aujourd'hui on nous interdit les visas de travail ? On nous empêche d'être embauchés dans des cabinets de conseil prestigieux ? Que cherchez-vous ? À nous faire regretter notre choix ? À pousser tous nos compatriotes à faire leurs études aux États-Unis ? »

Je ne suis alors plus ministre de l'Enseignement supérieur, mais depuis quelques mois ministre du Budget et porte-parole du gouvernement. Porte-parole du gouvernement, un apprentissage inestimable contre les gaffes et les mots de trop. En cette période de crise aiguë, le moindre mot de travers peut provoquer LA dépêche Reuters ou AFP qui fera plonger les marchés financiers. J'ai appris à contrôler chaque mot. Mais à force de contrôler, on finit par brider son propre discours. Et par ne plus rien dire de personnel, de ressenti. Mais c'est ainsi, le porte-parole peut encore moins qu'un autre faire entendre sa « petite musique » dans un gouvernement tenu à la solidarité. Les écarts de langage me sont strictement interdits.

Quand ces deux étudiants m'interpellent, je suis donc dans une situation un peu délicate. Claude Guéant, qui a été nommé ministre de l'Intérieur un an auparavant, a pris une circulaire pour limiter les flux migratoires, circulaire qu'en tant que ministre des Universités j'ai combattu ligne à ligne. Il partait du constat selon lequel nous ne contrôlions pas suffisamment les entrées en France, notamment sous visas étudiants. D'où cette circulaire limitant le nombre de visas délivrés à ce titre et imposant le retour au pays à la fin des études.

Mais cette circulaire a des effets pervers. Et elle ne touche pas la bonne cible : les profiteurs, les tricheurs. En revanche, elle pénalise tous ceux qu'on doit au contraire attirer, protéger : les meilleurs étudiants, les plus méritants. Ceux qui ont le plus à apporter.

Pour moi, donner le sentiment que la France se referme sur elle-même et refuse l'entrée à ceux qui demain seront les cadres des économies émergentes était une vraie erreur politique. Que peut faire, dans ce contexte, le porte-parole du gouvernement ? Je me suis toujours appliqué à moi-même la phrase de Jean-Pierre Chevènement : « Un ministre, ça ferme sa gueule ou ça démissionne. » Je ne fais pas de la politique sur le dos de mes collègues, ni d'ailleurs de celui du Président ou du Premier ministre qui m'ont donné ma chance. Question d'éthique.

C'est tellement facile de se construire une popularité en disant du mal de sa propre famille. C'est mathématique, on s'attire la sympathie du camp adverse, ce qui, au passage, vous fait automatiquement gagner des points de popularité dans les sondages. Alors, surtout, n'appelez pas cela du courage. Le courage, ce n'est pas de déblatérer des horreurs dans la presse ou à la télévision, là où personne ne viendra vous contredire, ce n'est pas de taper sur son camp, c'est tellement facile ! Le courage, c'est de se mettre vraiment en danger : convaincre une foule hostile, réformer face à la rue, affronter des élections dans une terre de gauche. Du courage, oui. Mais de la loyauté et de la solidarité aussi. C'est pour cela que je n'ai pas rendu public mon désaccord sur la circulaire Guéant.

À cette époque, Claude Guéant était assis à côté de moi en Conseil des ministres. Je lui ai glissé à l'oreille : « Vous savez, votre circulaire est en train de mettre en effervescence les grandes écoles. Pourtant je ne pense pas que ce soient elles que vous visiez ? – Pas du tout, répond-il, ce que je souhaite, c'est éviter les "faux étudiants" qui, sous prétexte d'études plus ou moins fumeuses, vont s'installer de plus en plus nombreux sur le territoire. »

Je suis très sensible à ce sujet : quand j'étais ministre de l'Enseignement supérieur, j'ai mis au jour un réseau de corruption à grande échelle. Des universitaires avaient mis en place un trafic d'inscriptions à l'université de Toulon au profit d'étudiants chinois, lesquels finissaient par obtenir le diplôme, moyennant finances, vraisemblablement sans jamais avoir eu le niveau pour cela. Il m'a fallu du courage et une certaine persévérance pour suspendre de ses fonctions le président d'université indélicat : une première dans l'histoire de la République !

On m'a opposé le principe constitutionnel de l'indépendance des enseignants-chercheurs qui interdirait à un ministre de prendre directement des mesures contre eux. On a fait croire à un complot politique car cet universitaire était en même temps vice-président radical de gauche de la région Provence-Alpes-Côte d'Azur. J'ai dû affronter un milieu universitaire forcément solidaire qui m'assurait que jamais, jamais, aucun de ses pairs, compétent en matière disciplinaire, ne le condamnerait.

Mais j'ai tenu bon. Y compris face à certains conseillers de l'Élysée qui m'intimaient la prudence. L'image de l'université française était en jeu, et je redoutais des représailles très graves à l'égard des personnels administratifs qui avaient eu l'honnêteté de dénoncer le système. Je devais les protéger. Je suis très reconnaissante au conseil de discipline de la Sorbonne qui, saisi de ce dossier que j'avais dû dépayser de Toulon, n'a nullement cherché à couvrir l'affaire et a sanctionné de manière exemplaire le président en cause, en le radiant de la fonction publique. L'éthique du service public est une chose sur laquelle nous ne devons pas transiger.

Malheureusement, de nombreux témoignages qui me sont parvenus par la suite – les langues se délient souvent après coup – m'ont prouvé que ce n'était pas un cas isolé. D'autres universités ont, elles aussi, mis en place des réseaux parallèles d'inscription d'« étudiants » étrangers moyennant finances. Je me suis employée à les démanteler en toute discrétion pour ne pas abîmer la réputation de l'université française tout entière. Mais beaucoup reste à faire. Traditionnellement, le ministre ferme les yeux !

Le nombre d'étudiants étrangers accueillis sur notre sol est passé de 10 000 en 1997 à 65 000 quinze ans plus tard. C'est vrai que ces chiffres interpellent. Il y a évidemment des fraudes, des abus, de la triche et des trafics. Et l'absence de sélection suffisante à l'entrée des universités est l'une des causes de cette dérive. Mais la circulaire Guéant apportait une mauvaise solution.

Je lui ai donc répondu qu'il devait modifier sa circulaire de manière à ce que l'on ne pénalise pas les meilleurs étudiants étrangers. J'évoquai quelques pistes. N'accepter que les étudiants ayant déjà entamé des études dans leur pays d'origine, de manière à contrôler leur niveau scolaire. En effet, dans les pays émergents, les universités sont extrêmement sélectives, et seuls les meilleurs élèves y ont accès. Je suggérai également de privilégier l'inscription des étudiants étrangers dans des filières sélectives type IUT, BTS, écoles, ou au niveau master. L'essentiel étant de ne surtout pas donner le sentiment que la France ferme ses frontières.

Je sors pleine d'espoir de ce Conseil des ministres, pensant avoir été entendue. J'écris à la conférence des présidents d'université pour leur dire que je suis intervenue auprès de mon collègue de l'Intérieur et que la circulaire va être modifiée. Un peu trop optimiste, car, en réalité, il ne se passe rien. Rien ! Je réitère ma demande auprès de François Fillon et de Nicolas Sarkozy, sans succès.

Pourtant, c'est exactement le discours que nous avons tenu en 2007 en matière d'immigration qu'ils sont en train de renier : non à l'immigration subie, oui à l'immigration choisie. Ne soyons pas naïfs. Nous vivons dans un monde ouvert, pas question de nous refermer sur nous-mêmes, mais, comme le disait Michel Rocard, on ne peut pas accueillir toute la misère du monde sur notre sol.

Je revois l'indignation d'un chef d'entreprise indien lors de mon premier voyage officiel en Inde, en 2008, pour préparer la visite d'État du président de la République. À New Delhi se tenait un grand forum économique et l'un des capitaines indiens de l'informatique me prit à partie en me disant : « Vous la France, vous êtes les seuls à ne pas vous arracher nos informaticiens. » Il était blessé dans son orgueil. Mais surtout, il voulait souligner l'absurdité de notre politique d'immigration, très influencée par notre histoire, qui nous ferme à toute une partie du monde asiatique et sud-américain.

Compétences et talents, voilà le titre de séjour que nous devons promouvoir. Je sais les réticences que cette politique suscite dans notre pays. La principale critique consiste à s'indigner de ce que certains appellent le « pillage des cerveaux » des pays émergents, les condamnant par là même à un sous-développement durable. J'ai souvent abordé cette question avec Jacques Chirac, lorsque j'étais sa conseillère en charge des études. C'est un sujet qui lui tient à cœur, et il a une théorie : avec la traite des esclaves, les pays occidentaux ont en réalité pillé la ressource la plus précieuse du continent africain, bien plus précieuse que son pétrole ou ses ressources minières, ses hommes les plus vaillants, ses talents, son élite, le condamnant à des retards de développement inévitables. Et pour lui, cela continuait avec le recrutement des meilleurs par les universités américaines. D'où son refus d'une immigration sélective.

Je peux comprendre la position traditionnelle de la France, exprimée avec force par l'ancien Président, mais après avoir voyagé dans le monde entier pour promouvoir l'université française, je ne peux plus y souscrire. Aujourd'hui, nous devons promouvoir la mobilité des cerveaux et accueillir les meilleurs étudiants, les meilleurs chercheurs du monde entier. Il ne s'agit plus d'un pillage de cerveaux sans possibilité de retour. Nul doute que beaucoup repartiront et deviendront l'élite de leur propre pays, à l'image du ministre de la Santé chinois qui a étudié en France, ou du ministre de la Recherche qui a étudié puis travaillé en Allemagne. Ils seront des traits d'union inestimables entre leur pays d'origine et leur pays d'accueil. L'URSS, aux plus beaux jours du communisme, ne faisait-elle pas le même pari en accueillant les étudiants des pays frères à l'université Patrice-Lumumba ? Ne laissons pas aux États-Unis, au Canada, à la Grande-Bretagne, à l'Australie le privilège de lancer des ponts entre les continents ! Participons à cette émulation, à ces échanges, ne nous enfermons pas.

Cet esprit d'ouverture exige en contrepartie une politique de sélection. Cela suppose d'accueillir les meilleurs, et pas les recalés, des universités étrangères. Cela impose d'avoir une stratégie, avec des pays ciblés : ceux dont nous souhaitons nous rapprocher. Je pense à l'Asie, à l'Europe de l'Est (mais aussi à l'Amérique du Sud) avec laquelle, ne l'oublions pas, nous avons plusieurs centaines de kilomètres de frontières communes. Les étudiants issus de ces zones géographiques ne sont pas assez représentés dans nos universités.

Je suis très attachée à cet aspect positif et stimulant de la mondialisation : l'échange d'intelligences, de savoirs, de modes de questionnements. C'est pour cette raison que j'ai demandé et obtenu que dans la dernière loi immigration du gouvernement Fillon, des titres de séjour de trois ans soient accordés aux chercheurs invités en France ainsi qu'à leurs familles, car j'avais été alertée sur les difficultés d'installation de celles-ci. Cela conduisait à des défections de très bons chercheurs auxquels les États-Unis déroulaient, eux, le tapis rouge !

Notre problème, c'est qu'aujourd'hui l'immigration légale dans notre pays se fait en priorité au travers du regroupement familial. Tout étranger installé légalement sur notre territoire a le droit de faire venir son conjoint, avec ou sans ses enfants. Cette disposition, prise en un autre temps – en 1976 – par Valéry Giscard d'Estaing et Jacques Chirac, pour des raisons humanistes, en faveur de travailleurs venus du Maghreb, à notre demande, pour travailler dans nos usines, a atteint ses limites. On en connaît malheureusement tous les détournements : mariages blancs, mariages « gris » avec des personnes abusées, voire mariages forcés, fausses reconnaissances de paternité… Des pratiques d'un autre temps, évidemment inadmissibles.

Un jour, une jeune femme enceinte s'est réfugiée dans ma permanence de Vélizy parce qu'un fonctionnaire consulaire au Maghreb refusait d'accorder un visa à son fiancé qu'il soupçonnait de mariage blanc. J'ai pris mon téléphone, et fait état de la grossesse de l'intéressée. Cela ne l'a nullement ébranlé. Il m'a au contraire mise en garde contre ma naïveté en m'expliquant que rien ne prouvait que l'homme en question était bien le père de l'enfant. C'est vous dire à quel point la paranoïa règne sur le sujet. Je ne saurai jamais qui avait raison, mais j'ai choisi de croire cette jeune femme et d'intervenir pour qu'elle puisse avoir le précieux sésame pour celui qu'elle déclarait être le père de son enfant.

Un autre jour, lors d'un échange avec des élèves assistantes sociales de Montfermeil, une jeune femme d'origine africaine, en larmes, est venue m'expliquer qu'elle ne voulait pas du mari que sa famille lui destinait, mais qu'elle redoutait par-dessus tout de perdre l'affection de ses parents. Il s'agissait en réalité de faire venir en France un proche de la famille qui voulait immigrer par le biais du regroupement familial. Je lui ai expliqué que la loi la protégerait, que son consentement au mariage devait être libre. Elle a eu cette phrase si ambiguë : « Vous savez, la loi française pour nous est moins forte que la loi de la famille. » Depuis, j'ai été à l'origine d'une loi qui a renforcé les possibilités d'annulation des mariages pour les jeunes filles en état de faiblesse psychologique, en espérant qu'elle pourrait les aider à se libérer de la « loi de leur famille ». D'une manière générale, je n'accepte pas que la loi de la République s'efface devant d'autres. C'est tout le combat de la laïcité que j'ai mené en m'engageant au Parlement contre le port du voile à l'école et, plus tard, contre la burqa.

L'immigration, bien souvent, renvoie à des situations de grande détresse. On ne quitte jamais son pays et sa famille de gaieté de cœur. Chaque personne vivant en France a donc un droit imprescriptible à une vie familiale normale. Mais, en même temps, on peut s'interroger : les titres de séjour accordés pour regroupement familial sont passés de 15 000 par an en 1997 à plus de 90 000 en 2006. Si nous voulons réguler les flux migratoires, est-il bien raisonnable de fonder l'essentiel de notre politique d'accueil sur le regroupement familial, au risque d'encourager tous les détournements des liens familiaux ? Est-il par ailleurs raisonnable de se priver d'une immigration de travail nécessaire, non seulement pour faire tourner des pans entiers de notre économie mais pour nourrir notre ouverture au monde ?

N'oublions pas qu'aujourd'hui, des milliers de médecins hospitaliers, originaires du Maghreb, de l'Afrique noire ou du Moyen-Orient travaillent dans nos hôpitaux. Sans eux, sans les infirmières, les aides-soignantes issues de l'immigration, nos structures de soins seraient dans l'incapacité totale de fonctionner. Ce n'est qu'un exemple mais qui plaide en faveur de quotas en fonction des métiers en tension.

Certains de nos voisins ont adopté une stratégie beaucoup plus offensive vis-à-vis de l'immigration.

Ils ont décidé de favoriser clairement celle qui est bénéfique et nécessaire à l'économie nationale. Ainsi, en Allemagne, au Royaume-Uni, les demandes de titres de séjour donnent-elles lieu à un classement par ordre de priorité : trois points pour les visas de travail, deux points pour les étudiants, un point pour le regroupement familial.

Nous avons d'ores et déjà sur notre sol des millions d'étrangers qui connaissent des taux de chômage de l'ordre de 25 à 30 %. Il faut d'abord s'assurer qu'ils trouvent une insertion satisfaisante dans la société française. Et cela suppose de leur offrir de vrais contrats d'intégration – contrats d'assimilation, disait Philippe Séguin. Le mot ne me choque pas s'il renvoie à l'acceptation d'un mode de vie et à l'adhésion aux valeurs de la République. À condition d'offrir aux nouveaux arrivants la formation linguistique et professionnelle qui s'y attache. Pour cela, il faut des moyens, et cela me conduit à dire que nos objectifs d'immigration légale doivent être réduits pour être fixés en fonction de nos capacités d'accueil, d'intégration et de cohésion nationale.

Encore une fois, sur ce sujet, comme sur bien d'autres, il faut de la souplesse. S'adapter sans cesse. C'est pourquoi je propose de faire voter chaque année, au Parlement, des quotas d'immigration, par pays et par type de titre de séjour, afin de donner un véritable sens à notre politique d'accueil. Le nombre de titres de séjour délivrés dans notre pays serait ainsi validé par un vrai choix démocratique.

Les crédits nécessaires à l'accueil de ces étrangers dans de bonnes conditions seraient votés en même temps.

On m'objectera certainement que ce n'est pas la tradition de la France. Qu'il faudrait pour cela une réforme de la Constitution. Eh bien, lançons le débat. Sur ce sujet, il est indispensable que le politique reprenne l'initiative.

De cette manière, en faisant des choix assumés en termes d'immigration, le pays aurait la sensation de reprendre en main son destin. Mais bien évidemment, parallèlement, il faudra continuer à lutter, sans relâche, contre l'immigration clandestine. Comment ?

C'est la question des frontières de l'Europe qui se pose ici. Nicolas Sarkozy en avait fait, à juste titre, une des questions « sans tabou » de la campagne de 2012. L'accord européen de Schengen crée en effet au sein de l'Europe un large espace de libre circulation sans contrôles d'identité, mais, en contrepartie, il est censé instaurer une frontière extérieure entre l'Europe et le reste du monde. Celle-ci ne peut pas être une passoire, au risque de compromettre l'équilibre des flux migratoires et la confiance nécessaire entre les membres de Schengen. Nous devons mettre en place au niveau européen un système de protection commune efficace contre l'immigration clandestine.

Je pense aux failles des contrôles à la frontière grecque ou sur les côtes italiennes et espagnoles. Je pense à la frontière allemande toujours attractive à l'Est. La France a aussi des points faibles, notamment ses grands aéroports internationaux, qui voient arriver des flux massifs de migrants, en particulier des mineurs sans papiers, que l'on retrouve dans les services de l'aide à l'enfance de la Seine-Saint-Denis.

Nous devons être plus vigilants encore dans la délivrance des visas, qu'ils soient de tourisme ou étudiants, pour éviter que ceux-ci ne soient la source d'une immigration incontrôlée, avec des personnes arrivées pleines d'espoir et qui tomberont ensuite à la merci des réseaux puissants exploitant la misère humaine sur notre sol.

Et puis, il faudra se pencher sur la procédure du droit d'asile, au niveau européen. Chaque année, par un détournement de la loi, des dizaines de milliers d'étrangers s'installent sur notre sol et la longueur des procédures leur permet de rester durablement. Au bout de dix ans, passés ensuite dans une semi-clandestinité, ils peuvent alors régulariser leur situation. Ce n'est ni juste ni sain. Nous devons inverser la démarche. Faire en sorte que la demande soit déposée avant l'entrée dans l'Union européenne. Que tant que celle-ci n'aura pas été acceptée par l'OFPRA, l'office concerné, l'installation sur le territoire ne soit pas possible. Mais cela supposerait de dégager un consensus au niveau de nos partenaires de Schengen. Et de prévoir une procédure d'urgence auprès des ambassades à l'étranger pour protéger les personnes notoirement menacées.

Enfin, nous devrons travailler en amont, avec les autorités des pays d'origine des migrants, à la fois pour prévenir leur départ et pour organiser leur retour. La question des mineurs sans papiers isolés, est une des questions politiques lancinantes que nous ne pourrons résoudre qu'avec l'aide des pays d'origine. Il faut pouvoir faire revenir dans leur pays des adolescents qui aujourd'hui deviennent de véritables esclaves, aux mains de filières mafieuses sur notre territoire.

Dans le cadre d'une coopération étroite avec certains États, on pourrait également, dans des métiers en tension, imaginer de délivrer des permis de travail temporaires, pour des travailleurs qualifiés ou non qualifiés, avec engagement de retour au pays au bout de quelques mois ou de quelques années, comme le fait l'Allemagne. À condition qu'ils respectent sur notre sol la législation française du travail. Pas question de fermer nos frontières. Mais de décider de ce que nous voulons.

Globalement, nous devons absolument réduire notre immigration, en termes de flux, d'équilibres. Et en même temps, réussir l'accueil et l'intégration des immigrés sur notre sol. Nous ne pouvons laisser se dégrader les conditions de vie de populations entières sur tout le territoire. Dans des bidonvilles, chez des marchands de sommeil, dans des immeubles insalubres, ou dans la rue. Nous ne pouvons continuer à détourner la tête. Nous devons maîtriser, contrôler, choisir. Il s'agit de notre destin collectif.

20

Autorité, le retour

En mars 2013, un gang d'une douzaine de voyous cagoulés a attaqué une rame de RER, à Grigny, dans l'Essonne. Sous la menace des coups et des gaz lacrymogènes, ils ont dévalisé les passagers d'une voiture avant de fuir avec leur butin.

Le ministère de l'Intérieur a réagi immédiatement, et, quelques jours plus tard, après une enquête rondement menée grâce à la vidéosurveillance de la gare, la police procédait à une arrestation spectaculaire et médiatique, sous les flashs des photographes. Le lendemain, la presse titrait : « La bande de Grigny a été démantelée. » Un soulagement. Sauf que. Sauf que pour avoir une politique de sécurité efficace, il ne suffit pas d'avoir des forces de l'ordre qui font du bon travail. Il faut également une réponse judiciaire immédiate et proportionnée. Lutter contre le crime, c'est marcher sur deux jambes : la police et la justice. Or face à une délinquance inacceptable, le bras de la justice n'est pas toujours très ferme ! C'est le moins qu'on puisse dire.

Ainsi, dans le cas de Grigny, parmi les douze suspects, onze étaient mineurs, ils ont été immédiatement relâchés. Un seul, âgé de dix-huit ans, a fait l'objet d'une comparution immédiate devant le tribunal. Et, bien qu'ayant été reconnu par les policiers sur les bandes vidéo de la gare, il a bénéficié d'une relaxe au bénéfice du doute, sous les bravos de ses camarades venus le soutenir à son procès. Quant au tribunal pour mineurs d'Évry, chargé de juger les onze autres délinquants, quelques semaines plus tard, il prononcera des peines légères : simples avertissements, travaux d'intérêt public, prison avec sursis.

Il se trouve que, quelques jours après le premier procès, dont j'avais lu le compte rendu dans la presse, avec la consternation résignée du citoyen qui sait qu'encore une fois la République vient de se faire bafouer, j'avais demandé à visiter, dans le cadre de mon mandat de conseiller régional – la région est responsable des transports en Île-de-France –, le PC sécurité du RER D, gare du Nord.

Là, je tombe sur des policiers de la police des transports, rattachée à la SNCF, une entité que Nicolas Sarkozy a mise en place lorsqu'il était ministre de l'Intérieur. Les deux hommes me reconnaissent et m'interpellent : « Madame Pécresse, il faut qu'on vous dise, les voyous de Grigny, ils ont été relâchés, et quelques jours plus tard on les a repris en flagrant délit à la gare du Nord. C'est un scandale. Vous devez le dénoncer. »

Ce mardi 23 avril 2013, donc, lors de la séance des questions au gouvernement, j'interroge le Premier ministre, Jean-Marc Ayrault, sur cette fâcheuse affaire : « Que sont devenus les suspects interpellés à

Grigny ? Est-il vrai que certains d'entre eux, relâchés, ont été pris en flagrant délit quelques jours plus tard à la gare du Nord ? Le parquet va-t-il faire appel de la relaxe du tribunal d'Évry, par respect pour les victimes et pour le travail remarquable des forces de l'ordre ? »

Sur le banc du gouvernement, je vois Manuel Valls blêmir. Grigny, ce n'est pas rien pour lui. La cité de la Grande-Borne est à moins de dix kilomètres de sa ville d'Évry. J'imagine qu'il est, au fond de lui, aussi furieux que moi de l'absence de réaction judiciaire à cette affaire. Il avait d'ailleurs lui-même réclamé une réponse ferme de la justice !

Jean-Marc Ayrault, ne faisant sans doute pas assez confiance à Christiane Taubira pour la laisser répondre à cette question qui met pourtant en cause son ministère, désigne Manuel Valls. Et là, le ministre de l'Intérieur se déchaîne contre moi : « Même vous, vous enfourchez le cheval de la démagogie. Même vous, qui avez été ministre, qui avez gouverné, vous mettez en cause la justice, les magistrats qui sont indépendants ! Même vous, parce que vous êtes candidate à la région Île-de-France, vous mettez en cause l'État de droit. » Les bras m'en tombent. Quelle scène de théâtre !

Il a choisi le registre de l'agression, de la colère feinte pour ne pas répondre. La meilleure défense, c'est l'attaque ! Il se fait applaudir en jouant sur le populisme simpliste des « politiques qui attaquent les juges ». Fort de sa popularité dans les sondages et de son image martiale, il calomnie, accuse, dénigre, plutôt que d'admettre l'évidence des faits.

Mais j'ai fini par en avoir le cœur net. Sortie de l'Hémicycle sans avoir eu de réponse claire, j'ai alors demandé l'audition du préfet de police de Paris, Bernard Boucault, devant le syndicat des transports de la région. Et là, j'ai obtenu des réponses claires. Oui, onze des douze interpellés, mineurs, ont été relâchés. Oui, trois d'entre eux ont, trois jours plus tard, commis un nouveau délit à la gare du Nord. Oui, le parquet d'Évry a décidé de faire appel d'une relaxe qui ne le satisfait pas.

Alors, démagogique ma question ? Malheureusement, elle renvoie au sentiment que partagent beaucoup de Français : ceux qui respectent la loi sont rarement récompensés, et ceux qui la fraudent rarement punis. Voilà le ferment du vote extrême. Voilà le cœur du besoin d'autorité qu'expriment aujourd'hui tous les Français.

Jamais je ne m'en suis prise aux juges, j'ai une trop haute idée de la justice. Et puis, je sais à quel point il est parfois difficile d'appliquer le droit, je crois que le doute doit toujours bénéficier à l'accusé, je suis consciente que nous manquons cruellement de structures pour accueillir ces jeunes délinquants. Et c'est donc sans animosité, sans parti pris, que je pose la question : pour lutter efficacement contre la délinquance, ne faut-il pas tordre le cou à des pratiques trop laxistes ? Comment, en effet, maintenir la cohésion sociale, la foi en les institutions du pays, alors que les atteintes aux biens et aux personnes restent si souvent impunies ?

C'est une dérive profonde qui mine notre société. Ainsi, Jean-Luc Warsmann, ancien président de la commission des Lois de l'Assemblée nationale, n'a cessé depuis 2003 de dénoncer un autre scandale : celui des peines prononcées par les juges et non exécutées. Elles sont des dizaines de milliers.

Je me suis personnellement occupée de la question de la délinquance des mineurs quand j'étais à l'Élysée. En 2000, après la démission de Jean-Pierre Chevènement, ministre de l'Intérieur, j'ai pu observer la montée inquiétante de la délinquance et de l'insécurité. Il était l'un des rares à défendre ce qu'il appelait une « politique sécuritaire de gauche », quand la très grande majorité des socialistes persistait dans le déni et l'angélisme. « C'est la société qui est violente », disait Lionel Jospin, avant de reconnaître, pendant sa campagne présidentielle de 2002, celle qui a qualifié Jean-Marie Le Pen au deuxième tour : « Nous avons été naïfs. »

Dès cette époque, puis ensuite, quand je suis devenue rapporteur du budget des prisons et de la protection judiciaire de la jeunesse à l'Assemblée nationale, j'ai travaillé sur la question des sanctions et du respect de la loi. Et quand Nicolas Sarkozy a été nommé au ministère de l'Intérieur, j'ai observé ses premiers pas avec un peu de scepticisme, voire de réticence. Certes, j'appréciais à leur juste valeur son volontarisme, sa quête de résultats, son envie d'imposer des idées neuves. Mais au départ, l'idée des peines planchers pour les multirécidivistes m'a choquée, car je les appréhendais avec mes yeux d'ancienne juge administrative, et j'y voyais une atteinte à l'individualisation de la peine et à l'indépendance de la justice. Puis, au fil des années, je dois dire que l'épreuve du terrain et la rencontre des victimes, des délinquants eux-mêmes, si jeunes parfois et totalement déstructurés, m'ont fait évoluer.

Je me souviendrai toujours du jour où, en 2006, nous avions une réunion avec Nicolas Sarkozy pour préparer la campagne présidentielle. Il était encore, à l'époque, ministre de l'Intérieur et venait de recevoir le père d'un enfant tué par un prédateur pédophile. Il est arrivé blême, profondément bouleversé. J'ai compris ce jour-là que la question des crimes sexuels ne serait pas un sujet annexe dans son programme. Ce jour-là, il avait pris un engagement personnel. Et je me souviens de sa fureur quand, quelques mois plus tard, le Conseil constitutionnel a partiellement censuré un projet de loi sur ce qu'on a appelé la rétention de sûreté. Ce texte prévoit la possibilité de maintenir enfermés, après leur sortie de prison, les criminels les plus dangereux dans des centres spécialisés. Les sages ont validé le texte mais ont refusé qu'il s'applique aux criminels condamnés avant 2008, au nom de la non-rétroactivité de la loi pénale quand elle est plus sévère.

Comment expliquer aux Français que cette mesure de fermeté ne s'appliquera pas aux prédateurs sexuels récidivistes condamnés avant 2008 ? Et qui vont sortir après plusieurs années de prison ? Un exemple de l'impuissance politique, hélas. Et du difficile équilibre entre grands principes philosophiques et nécessité démocratique.

Je suis convaincue que l'autorité, pour s'affirmer, doit s'exprimer par une réponse immédiate et proportionnée à chaque acte de délinquance. On a parlé de « tolérance zéro ». Je préfère parler de « justice sans délai ». Nous devons mettre en place un système où la comparution immédiate devant un juge devienne la règle en cas de flagrant délit. À Paris, faute de places dans les audiences, on « trie » les affaires pour ne retenir que les plus graves. Mais, ce faisant, on laisse des voyous s'installer dans une spirale de la délinquance. Au lieu d'intervenir quand il n'est peut-être pas trop tard. C'est certainement une question de moyens, diront les syndicats, mais peut-être aussi une question d'organisation ? Un simple exemple : organiser des séances nocturnes les nuits du vendredi et du samedi où se commettent le plus d'actes délictueux serait possible à l'étranger et pas en France ?

Une justice sans délai, ce serait une justice qui, hors flagrant délit, arriverait à rendre toutes ses décisions en moins d'un an. Aujourd'hui, une procédure de divorce contentieux dure en moyenne cinq cent soixante-quatre jours. Cinq cent soixante-quatre jours pour que la procédure aboutisse. C'est un des délais les plus longs d'Europe. Et durant tout ce temps, les violences intrafamiliales continuent !

Une justice sans délai serait une justice où les peines prononcées seraient immédiatement exécutées. Il est temps de donner aux victimes un nouveau droit : le droit à l'exécution des peines prononcées. Elles seraient tenues informées en temps réel par la justice de la situation des personnes condamnées. En effet, on sait, depuis le rapport de Jean-Luc Warsmann, que des dizaines de milliers de peines prononcées en France ne sont pas exécutées six mois après le jugement ! Cela veut dire que la personne condamnée au tribunal à une peine de prison ferme reste libre ! Et que donc elle peut organiser son « insaisissabilité », en disparaissant, en se cachant... Évidemment, cela ne fait que conforter le sentiment d'impunité des délinquants et l'indignation des victimes.

Cette justice de qualité que j'appelle de mes vœux a un coût, bien sûr. Et, il faut bien l'avouer, la France ne consacre pas à sa justice les mêmes moyens financiers que ses voisins : 0,19 % de sa richesse nationale, contre 0,38 % pour l'Allemagne et 0,43 % pour la Grande-Bretagne. Nous sommes en queue de classement européen : au 37e rang ! Sans parler de l'état de vétusté de nos prisons, dont les budgets d'investissement ont été coupés en 2013. On est entré dans un cercle vicieux : puisque nos prisons sont indignes, il ne faut pas envoyer les délinquants en prison ! Et on ne consacre pas les budgets nécessaires à la rénovation et à la construction de prisons. Je rappelle simplement que 70 % des actes de délinquance sont commis par des multirécidivistes. Je préconise, les concernant, la plus grande fermeté. Et des conditions d'incarcération plus dignes.

De 2007 à 2012, le ministère de la Justice avait été le seul, avec celui de l'Enseignement supérieur, à échapper à la règle du non-remplacement d'un fonctionnaire sur deux partant à la retraite. Mais cela n'a pas suffi à combler notre retard. La réorganisation de la carte judiciaire avait pour but de gagner en efficacité : éviter les audiences vides dans certains tribunaux et la thrombose dans d'autres. Mais le regroupement des tribunaux des villes moyennes ne suffit pas. Il faut poursuivre cet effort de réorganisation. Et faire de la justice une priorité. En lui assignant des objectifs de résultats. Hélas, on se heurte parfois à de fortes résistances. Je me souviens de celles que nous avons rencontrées quand le gouvernement a proposé d'installer une salle d'audience au sein même de l'aéroport de Roissy, plaque tournante de tant de trafics.

Une justice accessible, sans délai, des peines exécutées rapidement : voilà comment rendre à la loi son autorité. Et redonner confiance dans la règle commune.

21

Notre crise morale

L'affaire Cahuzac a ébranlé la classe politique. Mais pas seulement, tout le pays. Il y avait, il est vrai, dans cette affaire tous les ingrédients d'un scandale, et tous les éléments pour qu'il se transforme en feuilleton médiatique grand public. Un ministre qui déclare la guerre à la fraude fiscale et qui détient lui-même un compte non déclaré en Suisse. Un ministre de gauche, qui semble avoir accumulé beaucoup d'argent, de manière pas très légale. Un ministre de gauche qui compte dans ses relations proches un militant du Front national, à qui il confie le soin d'ouvrir un compte en Suisse. Un ministre donneur de leçons qui ment avec aplomb devant la représentation nationale. Une enquête bâclée par Bercy. Un président de la République qui donne le sentiment de n'avoir pas réellement cherché à savoir la vérité, trop soucieux de préserver les équilibres politiciens de son gouvernement.

Et que dire des étranges révélations concernant Claude Guéant, ancien ministre de l'Intérieur de Nicolas Sarkozy, en apparence l'archétype du haut fonctionnaire austère, dévoué au service de l'État ?

Que penser du grand déballage de l'affaire Tapie ? Kucheida, Andrieux, Guérini, Navaro, Karachi : les affaires se succèdent. Mais dans quel pays sommes-nous ? Qui croire ? Comment ramener la sérénité et la confiance quand la justice travaille à un rythme forcément beaucoup moins rapide que l'emballement médiatique ou l'immédiateté des réseaux sociaux ? Comment empêcher les Français d'entonner à nouveau le refrain du « Tous pourris » ?

Cela me rappelle douloureusement les recommandations de ma grand-mère, quand je lui ai annoncé, il y a douze ans, que j'allais m'engager en politique. Très spontanément, elle m'a dit : « Tu ne peux pas me faire ça ! Il n'y a que des gens honnêtes dans la famille ! » C'est à la fois drôle et dramatique. Il y a une telle défiance des Français à l'égard de la politique. Ce n'est pas nouveau. Mais derrière la crise économique, on sent couver une crise morale.

Elle couve quand des juges traitent les politiques – et des parents de victimes ! – de « cons », piétinant leur devoir d'impartialité. Elle couve quand des parlementaires se mettent à cent pour contester un juge. Elle couve quand les affaires rattrapent tous les partis, instaurant un climat de rejet général.

Et pourtant, combien d'hommes politiques jugés coupables de prise illégale d'intérêt, d'abus de biens sociaux ou de fraude fiscale ont été triomphalement réélus par leurs électeurs quelques années plus tard. À gauche, comme à droite. Il suffit, pour en être persuadé, de voir la fébrilité qui s'est emparée du Parti socialiste quand Jérôme Cahuzac a laissé entendre, pendant un moment, qu'il ne renonçait pas à briguer à nouveau un mandat électif. Panique à bord, car on sait bien que l'activisme local et le charisme personnel pèsent souvent plus que l'honnêteté. Comme si, dans un environnement jugé globalement injuste et corrompu, finalement, il valait mieux choisir, pour défendre ses intérêts, un malin, même filou, plutôt qu'un honnête homme.

Et puis, de toute façon, les Français se méfient des juges. Et donc de leur sentence. Ils sont d'ailleurs prompts à prendre la défense de ceux qui défient l'ordre. Cela remonte à loin dans notre histoire, à l'Ancien Régime. C'est d'ailleurs la méfiance à l'égard des juges judiciaires qui a conduit Napoléon à créer une justice administrative, seule habilitée à juger les actes des personnes publiques.

Il se trouve que j'ai commencé ma carrière au Conseil d'État, le juge suprême de l'ordre administratif et le conseiller juridique du gouvernement. J'y suis restée huit ans. À cette époque, je rêvais d'être juge. Pour moi, il n'y avait rien de plus passionnant et de plus noble que de rendre la justice. C'est en jugeant que je me suis aperçue que bien des lois étaient mal faites. C'est à ce moment-là que j'ai eu envie de me tourner vers la politique et de me faire élire au Parlement.

Mais l'idée de justice ne m'a jamais quittée. Je n'ai pas aimé que François Hollande tente de se l'approprier dans sa campagne présidentielle avec son « redressement dans la justice ». Un an plus tard, on voit ce qu'il en est… Pour moi, la justice n'est ni de droite ni de gauche, elle s'apprécie face à chaque situation. Elle s'accommode mal des certitudes idéologiques ou partisanes, de la corruption des mœurs.

J'ai envie de prouver qu'on peut faire de la politique, pas seulement par ambition, ni par intérêt personnel, mais par idéal. Avec la seule volonté d'aider son pays à s'en sortir. Et pour cela, il est impératif de résoudre notre crise morale. C'est indispensable si nous, les politiques, voulons convaincre le pays, retrouver la confiance. Mais comment ?

François Hollande a cru trouver la pierre philosophale qui allait tout régler : la transparence des patrimoines serait l'alpha et l'oméga de la moralisation. Permettez-moi de sourire. En effet, en l'occurrence, le patrimoine de Jérôme Cahuzac était bien caché à Singapour et aucune déclaration publique n'aurait changé quoi que ce soit à l'affaire en question. Mais le Président est très habile : en jouant sur la fibre du voyeurisme et de l'envie, il a permis de créer une diversion, renvoyant le soupçon sur l'ensemble des politiques qui sont tétanisés, à gauche comme à droite, à l'idée que les Français découvrent qu'ils sont tous des notables. Et refusent de divulguer leur patrimoine.

Au passage, le gouvernement n'a pas craint de violer allégrement le principe de séparation des pouvoirs, puisque la loi confie la présidence de la Haute Autorité de contrôle des patrimoines à une personnalité nommée par le président de la République. Mettre le Parlement sous la coupe de l'exécutif, singulière conception de la démocratie…

Je ne suis pas sûre que, sur le moyen terme, la politique en sorte grandie. Lors de l'examen de la loi, les parlementaires ont donné le sentiment qu'ils cherchaient à se protéger. Il suffit de voir la réaction gênée de Jean-Luc Mélenchon, pas vraiment ravi à l'idée de divulguer la valeur de ses biens, pour comprendre que l'argent reste un sujet très sensible dans la société française.

En réalité, cette loi ne traite pas les vrais problèmes. C'est pour cela que je me suis abstenue de la voter. Le sujet, c'est celui des conflits d'intérêts. Ces conflits d'intérêts peuvent prendre des formes très diverses et il est difficile de les lister dans une loi, surtout quand celle-ci est élaborée à la va-vite et dans l'urgence. Tous les parlementaires, les ministres mais aussi de nombreux élus locaux, qui gèrent beaucoup d'argent public, sont confrontés à des situations de conflit d'intérêt et pour l'instant chacun fait comme il le sent ! Il n'y a pas de règle.

Je ne prendrai qu'un seul exemple… le mien. Lorsqu'en 2007, j'ai été nommée à l'Enseignement supérieur, j'ai rempli une déclaration de conflit d'intérêt, comme François Fillon nous l'avait imposé. Et il m'a semblé tout naturel de déclarer que mon père était professeur d'université. J'avais, en tant que ministre, la tutelle de son employeur, en l'occurrence l'université Paris-Dauphine. Pourtant, ma démarche a surpris jusqu'à Matignon tant elle semblait inhabituelle. Si on commençait à remonter les générations, où allait-on s'arrêter ?

Ensuite, quand, en 2011, j'ai été nommée au Budget, j'ai constaté à quel point les règles déontologiques étaient inexistantes, alors que ce poste est pourtant extrêmement sensible. Après des demandes répétées sur le modus operandi restées sans réponse, j'ai décidé, de mon propre chef, d'édicter moi-même les règles qui s'appliqueraient durant mon mandat à Bercy. J'ai ainsi adressé à tous les directeurs du ministère une circulaire leur demandant de ne me communiquer aucune information qui pourrait concerner l'entreprise à laquelle appartenait mon mari et ne serait pas dans le domaine public. La circulaire précisait que toute décision relative à cette entreprise ou ayant un impact sur son activité ne pourrait être prise ni par moi ni par mon cabinet. Seul le Premier ministre serait habilité.

Je m'appliquais en quelque sorte la procédure de « déport » qu'un juge s'applique lorsqu'il est saisi d'une affaire dont il connaît personnellement les protagonistes. Je considérais que mon directeur de cabinet, dont la nomination procède du ministre, était juridiquement trop proche de moi pour qu'il puisse me remplacer : on pouvait estimer qu'il n'était qu'un « homme de paille » et cela ne suffisait pas à établir une barrière étanche entre la décision et moi.

J'ai donc appelé François Fillon pour lui dire que je souhaitais que ses services tranchent toute décision relative à l'entreprise de mon mari. Cela l'a un peu surpris. J'ai ensuite reçu un coup de fil perplexe de Jean-Paul Faugère, son directeur de cabinet, inquiet du précédent que créait ma décision. « Mais si tu le fais, on va nous demander pourquoi les autres ministres, eux, ne le font pas. Cela va être source d'une extrême complexité. Et tu obliges Matignon à se saisir de décisions qui sont de ta responsabilité. » Mais j'ai tenu bon. Je lui ai fait valoir que je protégeais ainsi le Premier ministre de tout risque de confusion des genres, et que, dans le contexte des attaques portées contre Éric Woerth, nul n'était assez prudent avec les règles de déontologie.

Bien m'en a pris. Quelques mois plus tard, une entreprise dont mon mari était le fournisseur a remporté un appel d'offres national pour des éoliennes en mer, et les tentatives de certains de ses concurrents recalés pour jeter la suspicion sur le marché furent tuées dans l'œuf par le simple constat que je n'avais à aucun moment, ni de près ni de loin, participé au processus de décision, ni même été informée.

Mais on voit bien que cette démarche, que j'ai entreprise de ma propre initiative, n'est en rien entrée dans nos mœurs, elle a au contraire provoqué la perplexité – doux euphémisme – des dirigeants politiques et de mon administration.

Hélas, aujourd'hui, personne ne songe, ni au Parlement ni dans les collectivités locales, à s'interroger en profondeur sur les réelles situations de conflits d'intérêts auxquelles les hommes politiques sont confrontés.

Certes, la discussion sur la transparence, au lendemain de l'affaire Cahuzac, a mis au jour l'opacité des activités de « conseil » de certains parlementaires. Lorsqu'elles s'exercent au service de lobbies puissants, on peut effectivement considérer qu'on est en situation de conflit entre l'intérêt général et leur intérêt particulier. Ces activités seront donc désormais interdites. Mais on n'aura pas purgé le risque de conflits d'intérêts à si bon compte.

Combien de fois ai-je eu l'occasion de constater, comme parlementaire, ou au banc du gouvernement, que des parlementaires agriculteurs prenaient part à des votes touchant la filière agroalimentaire ; des avocats, à la modification de la procédure de divorce ou de mise sous tutelle ; des chefs d'entreprise, à la fiscalité sur celles-ci ; mais aussi et surtout que des députés-maires ou sénateurs-maires se mobilisaient pour les votes sur les taxes locales – fixant ainsi les règles qui allaient s'appliquer à leur commune ! D'ailleurs, les règles financières et fiscales des collectivités locales sont celles qui mettent le plus de temps à être examinées dans le débat budgétaire chaque année, c'est dire si le sujet préoccupe personnellement les parlementaires.

Qu'il n'y ait aucune règle éthique, déontologique concernant ce mélange des genres ne peut que renforcer le sentiment que les hommes politiques s'occupent d'abord de leur intérêt propre avant celui du contribuable. Et de ce point de vue, je suis assez radicale, car je considère que seule l'interdiction du cumul des mandats nationaux et locaux est de nature à mettre fin à ces pratiques. À condition, je l'ai dit, qu'elle s'accompagne d'un renforcement considérable des outils de travail des parlementaires.

En termes de morale politique, il est un autre sujet qui me choque profondément, c'est le clientélisme voire le népotisme. Celui qui conduit les élus locaux à faire recruter leurs proches par les collectivités qu'ils dirigent. Celui qui les entraîne à subventionner des associations qui emploient leurs proches ou relaient leurs idées. Lors de la dernière commission permanente de la région Île-de-France, face aux 272 000 euros que nous avons votés pour un plan de soutien aux filières industrielles régionales, plus de 500 000 euros étaient destinés à des associations sans véritable lien avec les compétences de la région, mais proches de toutes les composantes de la majorité : Attac, l'observatoire du stress à France Télécom, Emilia-Romagna, une association chargée de faire la promotion de l'Émilie-Romagne en France, ou l'association Fonda qui suit les grandes tendances du mouvement associatif. Et je n'oublie pas les 165 000 euros destinés à l'Agence régionale de l'environnement et des nouvelles énergies pour réaliser le plan climat de Dakar, ou les 70 000 euros visant à organiser la célébration dans toutes les communes d'Île-de-France de l'anniversaire de la mort de Salvador Allende ! La plupart des associations reçoivent d'ailleurs leur subvention après que les événements subventionnés ont eu lieu, ce qui est en principe interdit, et que je ne manquai pas de signaler au préfet.

En réalité, il est extrêmement difficile d'empêcher ces dérives. Dans la sphère publique locale, la chasse aux gaspillages n'est hélas pas une priorité. Et l'opinion semble bien indulgente avec des pratiques qui ne seraient certainement pas tolérées dans un monde anglo-saxon. Mais moi, je considère que nous devons rendre compte de chaque euro dépensé, et qu'un des premiers devoirs des dirigeants politiques est de veiller à une gestion juste et rigoureuse. Il en va de la crédibilité de l'action publique et de la confiance.

Autant je suis très favorable au non-cumul des mandats, autant je suis opposée à l'interdiction du cumul de toute activité professionnelle avec un mandat électif, comme cela a été évoqué lors du débat sur la transparence. En effet, où s'arrêter dans ce cas-là ? Un président de région, un maire peuvent-ils continuer à exercer une activité professionnelle, au risque d'être soupçonnés de bénéficier des réseaux tissés dans le cadre de leurs fonctions électives ?

Je ne crois pas à l'interdiction, mais je crois à la transparence. Pour moi, la publication, par tous les élus, de l'ensemble des personnes, physiques ou morales, qui les rémunèrent d'une manière ou d'une autre serait beaucoup plus efficace que la publication du patrimoine. Il permettrait un véritable contrôle en temps réel d'éventuels conflits d'intérêts. Alors que le patrimoine n'est pas révélateur des activités de l'élu : il peut provenir d'un héritage, ou d'une activité exercée avant son entrée en politique.

Bien évidemment, cette obligation de transparence devrait s'appliquer aux très proches, le conjoint – y compris hors mariage, sinon il y a un détournement aisé de la loi pour les concubins –, le père et la mère, les enfants.

J'estime qu'il devrait également être obligatoire pour un élu de déclarer l'embauche d'un membre de sa famille, ou de son compagnon, par la collectivité dont il est l'édile. Compte tenu de la dureté de la vie politique – les attaques, le choc des défaites, les horaires déments –, je comprends parfaitement que de très nombreux élus veuillent s'entourer de proches. Avoir un membre de sa famille auprès de soi, c'est s'assurer un collaborateur dévoué bien au-delà des règles du droit du travail, et totalement loyal, ce qui, en politique, est inestimable. C'est aussi, pour certains, la seule façon de voir leur conjoint, dans une vie professionnelle aussi rude que déréglée. Je ne trouve pas cela choquant, dès lors que ces proches sont cantonnés aux fonctions « de cabinet », c'est-à-dire de proches collaborateurs, des postes qui de toute façon sont laissés à la discrétion des politiques et soumis à tous les aléas de la vie politique. En clair, si l'élu est battu, leur contrat est automatiquement résilié.

En revanche, je suis très critique à l'égard des embauches faites, sur les deniers du contribuable, d'un membre de la famille comme salarié des collectivités elles-mêmes. Il y a là un risque de népotisme inacceptable. En tout cas, toute embauche de ce type devrait immédiatement être signalée, pour que les électeurs puissent juger de son bien-fondé et s'assurer que la personne embauchée n'a pas eu priorité sur une autre plus qualifiée pour le poste.

La lutte contre les conflits d'intérêts est une exigence morale à laquelle tous les hommes et les femmes politiques vont devoir se plier désormais de manière beaucoup plus rigoureuse, au risque sinon d'alimenter le soupçon qui pèse sur eux. Cela suppose aussi d'accepter de se « déporter », c'est-à-dire de systématiquement renoncer à prendre part à un vote qui peut vous concerner de près ou de loin. Il y a encore un long chemin à parcourir dans ce domaine.

Prévenir le soupçon, ne rien faire pour l'alimenter, permettre le contrôle de l'activité publique par une autorité indépendante chargée de trancher les questions de conflit d'intérêt, dont la composition serait elle-même exempte de critique, ce sont les premières mesures qu'il faut prendre d'urgence.

Reste la question du retour en politique des hommes et des femmes qui ont fait l'objet de condamnations en matière de corruption ou de prise illégale d'intérêt. Cette question est très délicate. On peut estimer, comme le fait la loi aujourd'hui, que le pardon et la rédemption sont des valeurs fondatrices de notre justice, et qu'il serait inconstitutionnel de prononcer des condamnations « à vie ». C'est la loi actuelle, même si elle vient d'être – un peu – durcie, et, en bonne républicaine, je m'y tiens. Mais l'on sent bien que, dans l'esprit des Français, les élus sont comme la femme de César : dès lors qu'on leur confie la gestion de l'argent public, ils doivent avoir une réputation sans tache.

Le débat ne fait que commencer. Et si la fracture entre les hommes politiques et les citoyens continue de s'accroître, nul doute qu'il faudra prendre des mesures plus intransigeantes pour s'assurer de l'honnêteté de nos élus. La question d'une sanction politique définitive des infractions les plus graves se posera alors de manière aiguë. Et il faudra donc voter une loi entraînant l'inéligibilité à vie des personnes condamnées pour enrichissement personnel.

Une fois la question éthique réglée, il reste à prendre la mesure du monde dans lequel la France est aujourd'hui plongée...

22

Une autre Europe

Nicolas Sarkozy a eu un jour devant moi cette phrase impitoyable : « En Europe, l'Allemagne sans la France fait peur, la France sans l'Allemagne fait rire... » Voilà en quelques mots résumée la complexité de la relation franco-allemande. L'Allemagne, qui a relevé le défi de la réunification au prix d'énormes efforts et dont l'hégémonie économique effraye. La France, à la fois puissante et fragile, qui intrigue, inquiète : avec, d'un côté, des multinationales championnes du monde, une armée puissante, des services publics de grande qualité, et de l'autre des déséquilibres financiers persistants, une incapacité à préserver sa compétitivité.

Tous les cinq ans, après chaque élection présidentielle, on assiste au même rituel : la France va quémander à Bruxelles le report de ses obligations de réduction de déficit. Que ce soit sous Chirac, sous Sarkozy ou sous Hollande, c'est le même scénario. L'Allemagne et la France : la fourmi et la cigale. Toutes les deux si différentes, mais incontournables. À elles deux, elles représentent la moitié de la richesse européenne.

Comment mieux résumer l'inéluctabilité du couple franco-allemand, et surtout l'absence d'alternative pour chacun des deux partenaires ? Sans la France, l'Allemagne fait peur, car elle incarne l'austérité, la rigueur budgétaire, un attachement viscéral à une monnaie forte, trop forte, et le moins-disant social. Mais sans l'Allemagne, la France fait sourire, avec son incapacité à se réformer, ses perpétuelles grèves, son goût immodéré pour l'idéologie au détriment de l'économique, et sa propension à donner des leçons au reste du monde. Lors des réunions internationales, Nicolas Sarkozy et Angela Merkel se partageaient d'ailleurs les rôles. Avec une partition parfaitement huilée. Nicolas Sarkozy était celui qui prenait à partie les chefs d'État réticents au compromis. Puis il laissait la parole à Angela Merkel pour qu'elle esquisse une solution : en fait, l'accord franco-allemand négocié la veille. Il se comportait comme un véritable garde du corps. Le duo fonctionnait à merveille.

Entre l'hyperactif, jamais aussi à l'aise que dans la tempête, et la prudente, terrienne, qui nous disait « ne jamais rien décider avant d'être au pied du mur », une complémentarité inattendue s'est installée, qui a permis à l'Europe de traverser saine et sauve bien des crises.

Mais compte tenu des difficultés économiques et financières qu'a traversées la zone euro, Nicolas Sarkozy et Angela Merkel, qui ont déployé toute leur énergie pour les surmonter, n'ont pas pu s'occuper de la refonte politique et économique dont l'Europe a tant besoin. Ils n'ont pas non plus résolu tous les contentieux franco-allemands, tant s'en faut. Je me souviens du dernier Conseil des ministres franco-allemand, à l'Élysée, en octobre 2011, où Nicolas Sarkozy a évoqué la question de l'instauration d'un salaire minimum en Allemagne. Nous nous sommes heurtés à une explication polie sur la nécessité d'intégrer les Länder de l'Est. Le sujet de la surévaluation de l'euro n'a même pas pu être abordé. Quant à la question de la politique monétaire de la Banque centrale européenne – jugée alors trop restrictive par Paris –, elle a fait l'objet de passes d'armes pas totalement feutrées. Mais au total, tant de difficultés furent surmontées durant cette crise de 2008, grâce au couple franco-allemand. C'est lui qui permet de cimenter la diversité européenne, d'agréger des pays profondément différents : les pays du Nord, les nouveaux entrants de l'ex-Europe de l'Est, les États méditerranéens.

Malheureusement, cette bonne entente franco-allemande s'est brisée avec l'élection de François Hollande. Dès son arrivée au pouvoir, il s'est appliqué à isoler la chancelière en s'alliant aux chefs de gouvernement des pays du Sud, l'Italie et l'Espagne. Offensive destinée à faire croire que désormais l'Europe avait pris le tournant de « la croissance ». Contre la rigueur allemande. Mais ce n'était en réalité qu'un leurre. Après avoir ripoliné des prêts de la Banque européenne d'investissement et des fonds structurels qui existaient déjà en un pseudo- « pacte de croissance », Paris a ratifié le pacte de stabilité budgétaire négocié par Nicolas Sarkozy, si décrié durant la campagne, sans obtenir aucune modification ! Puis, les États européens se sont retrouvés face à leurs responsabilités, notamment celles d'entamer des réformes structurelles courageuses et de réduire dépenses et déficits.

En réalité, François Hollande misait sur la future victoire des sociaux-démocrates aux élections législatives allemandes de l'automne 2013. Les socialistes étaient persuadés – ils s'étaient persuadés – qu'un gouvernement de gauche desserrerait l'étau de la rigueur. Que cela changerait le rapport de force. En réalité, rien n'est moins sûr, compte tenu du consensus droite-gauche, outre-Rhin, sur la question des déficits et de la rigueur budgétaire. Et puis, au vu des faibles chances du SPD, François Hollande a fini par se faire une raison. Et se rendre à l'évidence : le caractère incontournable et décisif de la relation franco-allemande, quel qu'en soit le leader. Peu à peu, il a amorcé un rapprochement, évoquant une simple « tension amicale ». Allant même jusqu'à faire l'éloge, devant le SPD, des réformes de Gerhard Schröder.

Mais ce sont des mots, des postures, sans sincérité. Car sur le fond, hélas, François Hollande a fait un contresens historique. Au lieu de réformer, de lutter contre la hausse des déficits, pour que la voix de la France porte en Europe, il a ouvert les vannes de la dépense. Nous nous retrouvons donc isolés, seuls en Europe à croire pouvoir faire rimer croissance et hausse des dépenses ! Mais, et ce n'est pas le moindre des paradoxes de la gestion socialiste, François Hollande se sentant tenu de réduire – un peu – les déficits, pour montrer son « sérieux budgétaire », a en conséquence décidé d'augmenter les impôts de manière massive sur les ménages comme sur les entreprises.

Trente milliards de hausses d'impôts qui eurent comme effet, du côté des ménages, la première baisse du pouvoir d'achat depuis dix ans, et du côté des entreprises la réduction drastique de leurs marges et un sentiment d'insécurité fiscale qui ne les incite guère à investir et à embaucher.

La sanction ne s'est pas fait attendre. Le Président de la croissance, comme aime à se présenter François Hollande, est devenu le président du chômage et de la récession. Avec le risque d'entraîner avec lui ses partenaires européens. La bonne santé française étant essentielle à l'économie allemande, mais aussi italienne, espagnole, compte tenu de l'importance de nos échanges.

Angela Merkel a immédiatement riposté. En nouant un pacte inédit dans l'histoire européenne avec David Cameron, afin de voter un budget européen en baisse pour la première fois depuis la création de l'Europe. Un budget que les parlementaires européens refusèrent à leur tour de voter, en en dénonçant l'absence d'ambition et surtout de vision !

L'Europe est clairement en danger. Et les assauts de germanophobie dont font preuve certains socialistes, y compris certains membres du gouvernement, ne sont pas là pour me rassurer.

Lorsque je me suis rendue à Munich, le 18 mai 2010, pour m'inspirer de l'exemple des « universités d'excellence » allemandes, déjà le président du Land de Bavière, Horst Seehofer, ancien ministre de l'Agriculture et président de la CSU, me confiait son désarroi : « Notre peuple a fait des efforts considérables ces dernières années, et il a l'impression de payer pour la Grèce, l'Irlande et les pays du Sud. Vous devez nous donner des preuves d'efforts vous aussi, ce sont les preuves d'amour que nous attendons, sinon les Allemands finiront par refuser de payer pour leurs voisins. »

Que faire ? On ne peut pas éternellement naviguer à vue, avec de petits arrangements médiatiques, des figures de style. Il faut redonner confiance en la dynamique européenne. Nous n'avons pas d'autre choix, me semble-t-il, que celui d'une convergence économique avec l'Allemagne. Convergence, cela signifie que des efforts doivent être faits des deux côtés. L'Allemagne doit évoluer en termes de droits sociaux, de salaires. Et de politique monétaire, afin d'éviter un euro trop fort qui sert la rente et que réclame sa population vieillissante. Mais aujourd'hui, compte tenu de la dégradation de nos relations, la France devra faire les premiers pas.

Cela suppose que nous mettions en œuvre un certain nombre de réformes structurelles sur lesquelles nous sommes attendus par Bruxelles. Et par notre principal partenaire, l'Allemagne. Celle des retraites, dont j'ai déjà longuement parlé. Celle du marché du travail, que j'ai également évoquée : plus de flexibilité pour les entreprises, et surtout une souplesse en matière de durée hebdomadaire. On connaît la célèbre phrase de Gerhard Schröder qui aurait dû nous ouvrir les yeux depuis longtemps : les 35 heures ont été une « bonne nouvelle pour l'Allemagne ».

Enfin, nous devrons nous engager dans une réduction drastique de la dépense publique. Cela ne pourra se faire que si nous engageons vite un certain nombre de changements profonds de structures : réforme territoriale, réforme de l'État, réforme de la formation professionnelle...

Si nous réussissons à mettre en place ce véritable « agenda du redressement » – bien loin de l'overdose fiscale de la première année du quinquennat Hollande ou de la trop grande générosité fiscale de la loi Tepa de 2007 –, alors nous serons en position de force pour réclamer un certain nombre d'évolutions à nos partenaires européens. Quand la France sera redevenue forte et aura montré sa capacité à se réformer elle-même, nous serons en mesure de proposer à nos partenaires un véritable programme pour relancer l'Europe.

L'Europe, j'y crois depuis l'adolescence, depuis mes premiers « séjours linguistiques » et mes voyages, sac au dos, dans les capitales européennes. J'ai d'ailleurs commencé à m'engager en politique dans des cercles de Jeunes Européens, proches des Amis de Jean Monnet. L'idée d'être française et européenne m'a toujours séduite, comme un signal de fierté mais aussi de force. J'aime ce sentiment d'appartenance à une même culture, humaniste, avec des racines judéo-chrétiennes et de fortes aspirations démocratiques. Je dois hélas reconnaître que, depuis que j'ai eu l'occasion d'assister, à Bruxelles, à des Conseils européens, je suis effarée par le caractère technocratique et usant des débats de l'Union européenne.

Un exemple de cette lourdeur. Pour convaincre les Européens, sous présidence française en 2008, alors que j'étais ministre de la Recherche, de prendre une initiative commune sur la maladie d'Alzheimer, il m'a fallu mobiliser toute mon énergie. En six mois, je me suis rendue dans chacun des 27 pays de l'Union, m'efforçant de convaincre chaque État, du plus petit au plus grand. L'Allemagne, je l'ai dit, a été l'un des plus difficiles à convaincre, tant elle refusait de donner à l'Union la moindre compétence en matière de coordination de la recherche. Ce sont finalement mes collègues ministres du Royaume-Uni et du Portugal, dans ces alliances de sympathie et de circonstance dont l'Europe a le secret, qui m'ont permis de débloquer le processus.

L'enjeu était pourtant de taille. Nous nous apprêtions tous, en ordre dispersé, à dépenser des centaines de millions d'euros dans des programmes de recherche non coordonnés sur le fléau d'Alzheimer, devenu le sujet de société par excellence des années 2000. Grâce à l'initiative conjointe que j'ai lancée, un programme radicalement inédit dans sa conception a vu le jour : tous les États se sont progressivement rassemblés pour chercher ensemble et ne pas doublonner leurs efforts. Quand on sait que l'Europe représente en recherche l'équivalent des États-Unis mais que seuls 15 % de la dépense sont coordonnés entre les différents États, on perçoit la stérilité des nationalismes, l'ampleur des freins bureaucratiques, sans compter la perte de temps auquel sont en permanence confrontés ceux qui croient au projet européen.

Pendant quatre ans j'ai ainsi bataillé pour un brevet européen unique, me heurtant aux lobbies des défenseurs des langues européennes, des traducteurs, puis à la volonté allemande de garder la Cour des brevets à Munich. J'en ai conçu une certaine méfiance vis-à-vis de la Commission, qui se croit souvent seule détentrice de la vérité et de l'intérêt européen, préférant me fier au processus de décision intergouvernemental et au Parlement européen, plus en phase avec les attentes des peuples.

Pourquoi travestir la réalité ? Les institutions européennes sont en bout de course. Qui peut encore y comprendre quelque chose ? Nous avons un président de la Commission, Manuel Barroso, un président du Conseil européen des chefs d'État, Herman Van Rompuy, un président du Parlement européen, Martin Schulz, un président de la Banque centrale, Mario Draghi, un président de l'Eurogroupe, Jeroen Dijsselbloem. Sans parler du ministre des Affaires étrangères, Catherine Ashton. Qui parle au nom de qui ? Qui décide de quoi ? Où est la légitimité ? Quels sont les objectifs ? C'est d'une complexité inouïe et totalement inefficace. J'assistai récemment, à Londres, à une réunion sur l'Europe au cours de laquelle Manuel Barroso exprimait le « besoin de davantage de leadership » en Europe. On aimerait en sourire, si ce n'était pas aussi grave.

L'Europe est un sujet sur lequel nous devrons, à l'UMP, nous mettre d'accord d'ici les élections de 2014. Pour ma part, je ne crois pas aujourd'hui à davantage d'intégration politique, ni à de nouveaux transferts de souveraineté. Aucun peuple ne l'acceptera dans la situation actuelle. Et aucun État n'est prêt à l'assumer. Plaider pour un « saut fédéral » ne me paraît pas crédible, mais périlleux, au moment où le Royaume-Uni lui-même interroge son peuple par référendum sur son maintien dans l'Union.

Pour autant, je ne souhaite pas non plus une Europe scindée en deux, avec des institutions spécifiques pour les pays de la zone euro, les institutions actuelles continuant de fonctionner pour les autres États de l'Union. Ce serait reconnaître, à terme, la mort de l'Europe à 28.

J'essaie de voir d'abord les choses en termes d'efficacité et d'acceptabilité politique. Et, d'expérience, au vu de la dynamique européenne que Nicolas Sarkozy a su impulser tout au long des crises économiques, financières et diplomatiques que nous avons connues dans les années récentes, des subprimes à la Géorgie, je fais avant tout confiance aux négociations intergouvernementales. Je crois à une Europe des nations, des nations conscientes de leurs intérêts mais désireuses de s'unir pour faire face ensemble aux autres continents. C'est le Conseil européen des chefs d'État, en liaison avec le Parlement européen et les Parlements nationaux, qui, pour moi, détient aujourd'hui la légitimité démocratique européenne.

Je crois que pour combattre les nationalismes et les populismes, pour rendre à l'Europe tout son sens, nous devons lui redonner toutes ses capacités d'action. Dans une logique de puissance et de protection. Et cela exige en priorité la construction d'une véritable Europe de l'emploi.

On ne peut continuer comme cela. Avec d'un côté une Commission décriée, soupçonnée. Et de l'autre, des pays qui tirent à hue et à dia, cherchant leur intérêt propre. Nous devons surmonter nos difficultés avec un projet beaucoup plus clair et conquérant en travaillant à la construction d'un espace économique unique, plus solide face à ses concurrents, en faisant converger l'ensemble de nos politiques fiscales, budgétaires et – progressivement – sociales. Je sais que cela paraît utopique, mais aujourd'hui, j'ai envie de dire, une nouvelle fois, qu'il n'y a pas d'alternative, on ne peut plus tergiverser : soit on met en place un véritable gouvernement économique commun, soit l'Europe perdra de sa puissance. Et nous serons confrontés au déclin.

Premier pilier de cette Europe forte : la convergence économique et fiscale de la zone euro. Nous avons fait la monnaie unique en espérant que la convergence économique en découlerait inéluctablement. Nous avions tort. Il aurait fallu exiger bien davantage de convergence avant de faire l'euro. Désormais, en prenant les pays du « noyau dur » de la zone euro, nous devons nous engager dans une démarche de convergence. Nicolas Sarkozy avait ainsi lancé une réflexion franco-allemande sur la convergence de la fiscalité des entreprises, qui nous permettrait de retrouver une compétitivité que nous avons perdue en infligeant trop de charges à nos entrepreneurs. Cette fiscalité des entreprises européennes permettrait d'aborder les marchés dans des conditions de concurrence identiques et éviterait une forme de dumping fiscal qui prévaut actuellement au sein de l'Union. Mais, bien évidemment, impossible de converger fiscalement si nos dépenses publiques restent 10 points au-dessus de celles de l'Allemagne ! Et si certains membres s'enferrent dans une stratégie de low cost fiscal et social.

Deuxième pilier de cette Europe forte : l'union bancaire. Les pays de la zone euro s'engageraient à garantir les risques du système financier à l'échelle européenne et la Banque centrale de l'Union jouerait pleinement le rôle d'un prêteur de dernier ressort, garant de la solidité du système. Une fois l'union bancaire réalisée et la convergence budgétaire amorcée, il deviendrait envisageable d'émettre des titres de dettes communs aux pays européens. L'émission d'« eurobonds » n'était pas possible dès lors que cela consistait à demander à l'Allemagne de cautionner les emprunts des États cigales. C'est un peu comme si un voisin, joueur invétéré, vous demandait de garantir ses dettes, tout en continuant à jouer. En revanche, dans un contexte d'union bancaire et budgétaire contraignant, tout devient possible.

Troisième pilier de cette Europe forte : une politique industrielle qui favorise l'éclosion de champions européens et une politique commerciale fondée sur davantage de réciprocité. Certains de nos hommes politiques, à l'extrême droite, à l'extrême gauche, mais aussi dans les partis de gouvernement, de droite comme de gauche, se font les champions d'un « protectionnisme européen ». Pour nous protéger des agressions de la mondialisation. La solution à tous nos problèmes ! L'idée peut paraître séduisante au premier abord. L'Europe, érigée en forteresse, dont les frontières seraient une véritable muraille de Chine protégeant des envahisseurs barbares, avec des droits de douanes permettant de contrecarrer le dumping social et environnemental des pays à bas coûts. En clair, les produits fabriqués dans des pays sans protection sociale ni normes environnementales seraient frappés par une fiscalité compensatoire aux frontières de l'Europe, ce qui renchérirait leur prix, réduirait d'autant la tentation des délocalisations et permettrait de produire davantage en Europe.

Mais, contrairement à ce qu'en disent les « nationalistes économiques », la voie du protectionnisme est sans issue. Elle ne fera jamais consensus en Europe, ne serait-ce qu'auprès de l'Allemagne, ni encore moins auprès de la Grande-Bretagne. Les exportations, les échanges commerciaux représentent un atout trop considérable pour ces États pour qu'ils acceptent de courir le risque de voir l'Europe se fermer, et subir des représailles en rétorsion d'une politique de fermeture des frontières européennes. Ce qui, d'ailleurs, nous coûterait à tous très cher. N'oublions pas qu'en France, 7 millions de salariés travaillent directement ou indirectement à l'export !

Les deux principes que la France pourrait néanmoins défendre avec de vraies chances de succès pour changer l'Europe et la rendre plus puissante sont la défense de champions européens et la réciprocité dans les échanges.

En effet, empreinte d'une philosophie exclusivement libérale, l'Europe a fait de la concurrence intra-européenne un dogme. Avec excès. Empêchant parfois des alliances industrielles, et la constitution de poids lourds mondiaux. Bruxelles a privilégié les intérêts du consommateur (européen) au détriment de l'industrie. Obtenir de substantielles baisses des prix grâce à l'ouverture à la concurrence était une bonne chose, mais cela a amené aussi des kyrielles de suppressions d'emplois. Et tué dans l'œuf l'émergence de champions en mesure de concurrencer des groupes américains ou asiatiques. Chaque politique industrielle devrait être pesée à l'aune de l'évolution mondiale du marché et pas seulement au regard de règles de concurrence trop strictes et parfois inadaptées.

Ensuite, je l'ai dit, il nous faudra revoir les règles d'attribution des marchés publics en Europe. Il est frappant de voir que pour obtenir certains marchés dans les pays non européens, nos entreprises doivent y implanter leurs usines et acheter ou produire localement une bonne partie des produits qu'ils commercialisent. Sans compter, parfois, les transferts de technologie. Il faudrait, nous aussi, défendre nos propres marchés, avec un *Buy European Act*, comme aux États-Unis ou au Brésil. Les entreprises devraient fabriquer plus de la moitié de leurs produits en Europe pour avoir accès à nos marchés publics. D'une manière plus générale, la réciprocité des réglementations devrait devenir la norme de fonctionnement de l'Union. Cessons d'être naïfs et considérons que l'atout d'un marché européen est considérable. À 28, nos décisions pèsent sur les relations économiques internationales bien davantage que si nous sommes seuls. À condition que nous ayons une approche politique et lucide de ces relations, et pas seulement une vision idéologiquement et naïvement libérale.

Réorienter l'Europe pour qu'elle soit une protection, mais aussi le promoteur de nos exportations. Car, je l'ai dit un jour à Marine Le Pen dans un débat animé, nous ne mangerons pas trois steaks par jour et la prospérité de nos éleveurs de bovins – mais le raisonnement vaut pour toutes nos usines – viendra de l'ouverture de nouveaux marchés selon le principe de réciprocité. Arrêtons de croire à une solution de repli derrière une ligne Maginot des frontières européennes. Les lignes Maginot, on sait qu'elles ne retiennent jamais longtemps l'ennemi !

La notion de frontière européenne peut donc être réaffirmée et renforcée, sans jamais aller jusqu'à la fermeture mais en construisant une véritable souveraineté européenne. De ce point de vue, la question des flux migratoires doit être repensée au niveau européen. Je suis convaincue que l'entrée dans Schengen de la Roumanie et de la Bulgarie en 2014 n'est pas souhaitable compte tenu des troubles à l'ordre public que certains de leurs ressortissants causent d'ores et déjà dans nos pays. L'Europe ne peut être une passoire.

Mais pour qu'une puissance, lucide et maître du jeu, puisse s'imposer, encore faut-il que nous ayons préalablement réussi à admettre les règles du jeu. Et su rompre avec la spirale de l'endettement, des déséquilibres financiers, de la sous-compétitivité qui minent certaines des économies de l'Europe du Sud, dont la nôtre.

Wolfgang Schäuble, le ministre allemand des Finances, a toujours l'humour de raconter à chacun de ses homologues français successifs qu'il a commencé son partenariat avec la France avec Nicolas Sarkozy, du temps où ils étaient ministres de l'Intérieur. Depuis quatre ans, il nous exhorte à poursuivre les réformes, et nous, de notre côté, nous lui demandons plus de souplesse dans la politique monétaire afin de ne pas surévaluer l'euro. Ce ne sont pas que des jeux de rôles. Nous connaissons bien nos intérêts communs, et aussi nos divergences. L'Allemagne sait bien également que, sans certaines fulgurances de Nicolas Sarkozy – le plan de sauvetage des banques ou le grand emprunt –, l'économie européenne aurait certainement sombré en 2009. Et donc, le respect était mutuel. Mais l'inquiétude aujourd'hui est réelle face à la stratégie de « bouc émissaire » que les socialistes emploient à l'égard d'Angela Merkel. Pourtant, nous sommes pieds et poings liés.

France et Allemagne. France plus Allemagne. L'un sans l'autre, nous ne pouvons rien, ensemble, nous pouvons beaucoup.

Pour conclure

Une autre politique est indispensable pour notre pays. Il faut préparer dès aujourd'hui les conditions de l'alternance.

L'UMP s'est épuisée l'an dernier dans la guerre des chefs. Cette question du leadership, du meilleur candidat pour nous représenter à la présidentielle, nous la trancherons le moment venu. Mais d'ici là, chacun d'entre nous doit être apporteur d'idées neuves et de solutions pour la France. Un certain nombre sont connues, d'autres restent à inventer. Je veux prendre toute ma part au débat qui s'ouvre.

J'ai écrit ce livre pour que nous retrouvions la confiance de nos compatriotes, désabusés et tentés par les illusions du vote extrême. J'y tire un bilan personnel et vécu du quinquennat écoulé et des premiers pas chaotiques de François Hollande. Nous n'avons pas à rougir de ce bilan. Il a été violemment caricaturé. La première année du gouvernement socialiste lui rend, par contraste, justice. Nicolas Sarkozy a prouvé qu'un chef d'État résolu, capable de décider, d'affronter les crises et de résister face à la pression de la rue pouvait mettre le pays en mouvement. Beaucoup de choses ont été faites. Je suis fière d'avoir pu, à la place qui était la mienne, y contribuer. Mais l'analyse lucide et sereine de tout ce que nous n'avons pas réussi à faire, et pourquoi, est désormais une condition sine qua non d'une alternance réussie. Une des deux conditions, avec l'unité de la droite et du centre.

Travail, liberté, autorité, justice… et une priorité affirmée à la jeunesse, voilà les valeurs que nous devons, à mon sens, placer au cœur de notre projet. Nous devons arriver avec des réformes prêtes. Et des Français convaincus de leur nécessité. Car il y a une fenêtre de tir très courte, dans les six premiers mois du mandat, durant laquelle tout est possible. Il ne faut pas la rater.

Beaucoup de pays dans le monde, qui n'avaient pas tous nos atouts, sont parvenus à se redresser et à retrouver une prospérité qu'ils croyaient perdue pour toujours. Il faudra cinq ans, peut-être dix, pour redonner sa fierté, sa cohésion et son dynamisme à notre pays. À nous de jouer.

Remerciements

À mes soutiens des bons et des mauvais jours.
À Francis Esménard qui, dès le départ, a cru à ce livre.

Table

Du même auteur

Être une femme politique, c'est pas si facile !
L'Archipel, 2007

Et si on parlait de vous ?
L'Archipel, 2009

Controverses.
Université, science et progrès
avec Axel Kahn
NiL, 2011

Après le bac, mode d'emploi
avec Jean-Paul Brighelli
Plon, 2012

Composition Nord Compo
Impression CPI Bussière en août 2013
à Saint-Amand-Montrond (Cher)
Éditions Albin Michel
22, rue Huyghens, 75014 Paris
www.albin-michel.fr
ISBN : 978-2-226-24856-5
N° d'édition : 24804/01. – N° d'impression : 2004153.
Dépôt légal : septembre 2013.
Imprimé en France.